Español en marcha

Curso de español como lengua extranjera

Nivel básico (A1 + A2)

Cuaderno de ejercicios

Francisca Castro Viúdez
Pilar Díaz Ballesteros
Ignacio Rodero Díez
Carmen Sardinero Franco

Español Lengua Extranjera

SOCIEDAD GENERAL ESPAÑOLA DE LIBRERÍA, S. A.

SGEL

Primera edición, 2005
Décimo primera edición, 2015

Produce SGEL – Educación
Avda. Valdelaparra, 29
28108 Alcobendas (MADRID)

Diseño de cubierta: Fragmenta comunicación S. L.
Maquetación: Verónica Sosa y Leticia Delgado
Ilustraciones: Maravillas Delgado
Fotografías: Jesús García Bernardo, Archivo SGEL, Cordon Press, S. L.

ISBN: 978-84-9778-203-6 (versión internacional)
978-84-9778-205-0 (versión internacional sin CD)
978-84-9778-363-7 (versión Brasil)

Depósito legal: M-47421-2010
Printed in Spain – Impreso en España.

Impresión: Grupo Viro Servicios Gráficos, S.L.

contenidos

A. ¡Encantado!

1. Relaciona.

1. ¡Hola!, ¿qué tal?   a. Encantado.
2. ¿De dónde eres?   b. Soy japonesa.
3. ¿Cómo te llamas?   c. Me llamo Mayumi.
4. Este es Rubén.   d. Bien, ¿y tú?
5. Mucho gusto.   e. ¡Hola!, Rubén, ¿qué tal?
6. ¿Eres español?   f. No, soy cubano.

2. Escribe las preguntas.

1. A. ¿De dónde eres?
   B. Soy andaluz.

2. A. ¡Hola!, ¿_____?
   B. Bien, ¿y usted?

3. A. ¿ _____?
   B. No, soy mexicana.

4. A. ¿_____?
   B. Soy francesa.

5. A. ¿_____?
   B. Renate, ¿y tú?

3. Completa la tabla.

TÚ	USTED
¿Cómo te llamas?	¿Cómo se llama?
_____	¿De dónde es usted?
¿Cómo estás?	¿_____?

4. Completa los diálogos con los elementos del recuadro.

soy – eres – cómo – y tú

1. A. Hola, ¿*cómo* te llamas?
   B. Anil, ¿y tú?
   A. Safiya.
   B. ¿_____ francesa?
   A. No, _____ nigeriana. ¿_____?
   B. Yo soy paquistaní.

pero – en – esta – gracias – dónde

2. PABLO: María, mira, *esta* es Susanne.
   MARÍA: Hola, Susanne, ¿qué tal?
   SUSANNE: Bien, _____ .
   MARÍA: ¿De _____ eres?
   SUSANNE: Soy francesa, _____ ahora
              vivo _____ Madrid.

presento – gracias – buenos – encantada

3. ÁLVAREZ: Buenos días, Rosa.

   ROSA: _____ días, señor Álvarez.

   ÁLVAREZ: Mire, le _____ a la nueva
   directora, Marta Rodríguez.

   ROSA: _____ de conocerla, Marta.

   MARTA: _____ , igualmente.

5. Completa la tabla.

PAÍS	NACIONALIDAD	
	masculino	femenino
Francia	francés	francesa
Portugal	_____	portuguesa
Marruecos	_____	marroquí
Brasil	brasileño	_____
_____	_____	peruana
Canadá	canadiense	_____
_____	alemán	_____
Polonia	polaco	_____
Bielorrusia	_____	_____
_____	irlandés	_____
México	_____	

1. Busca en esta sopa de letras los nombres de ocho profesionales.

P	E	L	U	Q	U	E	R	O	B
R	T	Y	Ñ	P	O	U	J	K	Ñ
O	Z	C	A	R	T	E	R	O	L
F	M	E	T	A	X	I	S	T	A
E	C	R	A	B	O	G	A	D	A
S	V	W	P	D	O	S	M	O	A
O	R	E	R	A	M	A	C	L	C
R	E	P	T	V	E	B	W	M	T
A	Y	P	O	U	D	L	U	Q	R
P	O	U	T	R	I	M	W	D	I
Z	Q	R	T	B	C	M	N	R	Z
A	R	V	X	L	O	P	G	F	D

1

2. Forma frases, como en el modelo.

1. Él / llamar por teléfono / todos los días.
   Él llama por teléfono todos los días.

2. Rosa / tener / tres hijos.
   _____

3. Ignacio / hablar / inglés y francés.
   _____

4. Nosotros / comer / en casa los domingos.
   _____

5. ¿Usted / hablar / ruso?
   _____

6. ¿Vosotros / vivir / en España?
   _____

7. Ellos / vivir / en París.
   _____

8. Layla / estudiar / en la universidad.
   _____

9. Yo / no trabajar / ni estudiar.
   _____

10. ¿Usted / trabajar / aquí?
   _____

3. Completa la tabla.

Ser	Tener
soy	tengo
_____	tienes
_____	_____
somos	_____
_____	_____
son	_____

4. Completa las frases con *tener* o *ser*.

1. Elena *tiene* dos hijos.

2. Roberto _____ de Buenos Aires.

3. ¿De dónde _____ Jorge y Claudia?

4. A. ¿_____ ustedes americanos?
   B. No, _____ ingleses.

5. Yo _____ un novio español.

6. Mi amiga Gisela _____ brasileña.

7. A. ¿_____ novio (vosotras)?
   B. Ella sí, pero yo no _____.

8. A. ¿Tú _____ peruana?
   B. No, _____ boliviana.

5. Forma frases tomando un elemento de cada columna.

Luis y yo	habla	derecho
Renate	trabajo	traductora
Yo	estudiamos	madrileños
Ángel y Rosa	es	cuatro idiomas
	tienen	en un restaurante
	somos	dos hijos
		cocineros

1. Relaciona los números con su transcripción en letras.

a. 934 694 325 ☐ 4
b. 608 541 275 ☐
c. 956 439 803 ☐
d. 963 352 041 ☐
e. 972 376 921 ☐
f. 608 342 105 ☐

1. nueve, cinco, seis; cuatro, tres, nueve; ocho, cero, tres.
2. nueve, seis, tres; tres, cinco, dos; cero, cuatro, uno.
3. seis, cero, ocho; tres, cuatro, dos; uno, cero, cinco.
4. nueve, tres, cuatro; seis, nueve, cuatro; tres, dos, cinco.
5. nueve, siete, dos; tres, siete, seis; nueve, dos, uno.
6. seis, cero, ocho; cinco, cuatro, uno; dos, siete, cinco.

2. Escribe los números de teléfono.

a. 913 567 826: *nueve, uno, tres; cinco, seis, siete;*
ocho, dos, seis.

b. 925 073 941

_____

c. 626 254 685

_____

d. 620 654 392

_____

e. 953 981 856

_____

3. Completa.

once, _____ , trece, _____ , _____ ,
dieciséis, _____ , _____ , diecinueve,
_____ .

4. Escucha y completa las fichas.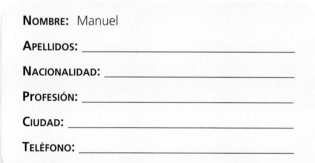

NOMBRE: Manuel

APELLIDOS: _____

NACIONALIDAD: _____

PROFESIÓN: _____

CIUDAD: _____

TELÉFONO: _____

NOMBRE: Isabel

APELLIDOS: _____

NACIONALIDAD: _____

PROFESIÓN: _____

CIUDAD: _____

TELÉFONO: _____

5. Completa la tarjeta con tus datos.

NOMBRE: _____

APELLIDOS: _____

NACIONALIDAD: _____

PROFESIÓN: _____

CIUDAD: _____

TELÉFONO: _____

6. Completa con los verbos del recuadro. Cada
uno se repite varias veces.

> llamarse – estudiar – vivir – ser
> tener – trabajar – hablar

A.
Hola, (1) *me llamo* Antonio Rodríguez, (2)_____
taxista. (3)_____ con mi familia en Toledo. Estoy
casado y (4)_____ un hijo de quince años. Mi
mujer (5)_____ Susana y (6)_____ peluquera,
(7)_____ en una peluquería cerca de nuestra casa.
Mi hijo (8)_____ en el instituto, (9)_____ un
buen estudiante. En mi casa (10)_____ también mi
madre, tiene 68 años y (11)_____ viuda. Ella nos
ayuda en el trabajo de la casa.

B.
Yo (12)_____ Luisa y (13)_____ enfermera.
(14)_____ andaluza, pero (15)_____ en
Tarragona. (16)_____ en un hospital, claro.
(17)_____ soltera, pero tengo una familia muy
grande. Mis hermanos y mis padres (18)_____ en
Barcelona.

C.
Mira esta foto, (19)_____ Javier, mi novio.
(20)_____ 23 años y (21)_____ informático,
(22)_____ en una empresa de ordenadores.
(23)_____ inglés y francés, (24)_____ muy
inteligente.

2

A. Familias

1. Relaciona.

1. ¿Tienes hermanos?   [f]
2. ¿Estás casada?   ☐
3. ¿Cuántos hijos tienen ustedes?   ☐
4. ¿Cómo se llama tu madre?   ☐
5. ¿Estás casado o soltero?   ☐
6. ¿Tienes abuelos?   ☐

a. No, estoy soltera.
b. Rocío.
c. Yo estoy casado, ¿y tú?
d. Sí, una abuela.
e. Dos, un niño y una niña.
f. Sí, uno mayor que yo.

2. Completa la descripción de las familias con el verbo *ser, tener* o *llamarse.*

Laura

Yo vivo con mi familia. Mi padre (1)_____ Jaime y (2)_____ abogado. Mi madre, Paloma, (3)_____ 45 años y (4)_____ bibliotecaria. Mi hermano Víctor (5)_____ estudiante, (6)_____ mayor que yo, (7)_____ 20 años.

Pablo

Yo vivo en Madrid y mi familia en el pueblo. (1)_____ dos hermanas, María (2)_____ la mayor, (3)_____ 21 años y estudia medicina. Isabel (4)_____ la menor, (5)_____ 18 años y estudia en el instituto.
Mi madre (6)_____ Rosa, (7)_____ médica y mi padre (8)_____ Francisco y (9)_____ economista.

3. Mira el árbol genealógico y completa las frases.

```
   José Luis ──────────────── Mercedes
          │                         │
   ┌──────┴──────┐          ┌───────┴──────┐
Miguel  Marisa          Jorge  Adela
   │                              │
┌──┴───┐                      │
Irene   Celia                 Álvaro
```

CELIA: Mercedes es mi *abuela.*

MARISA: Miguel es mi _____

MERCEDES: Jorge es mi _____

IRENE: Jorge es mi _____

IRENE: Marisa es mi _____

MIGUEL: Marisa es mi _____

ÁLVARO: José Luis es mi _____

CELIA: Miguel y Marisa son mis _____

ÁLVARO: José Luis y Mercedes son mis _____

4. Escribe el plural.

1. Juan es colombiano.
   Rosa y María son colombianas.

2. Mi padre es profesor.
   Mis padres _____ .

3. Yo tengo un gato.

Nosotros _____ .

4. Él está casado.

Ellos _____ .

5. Este hotel es caro

Estos _____ .

6. ¿Tu compañero es español?

¿Tus _____ ?

7. Este chico es estudiante.

Estos _____ .

8. ¿Tu bolígrafo es nuevo?

¿_____ ?

9. La ventana está abierta.

_____ .

B. ¿Dónde están mis gafas?

1. Encuentra el nombre de los objetos en la sopa de letras.

O	B	C	R	D	P	M	G	U	V	F
R	P	O	W	S	S	B	P	W	R	M
D	I	C	C	I	O	N	A	R	I	O
E	N	H	G	L	F	R	R	E	P	V
N	B	E	U	L	A	M	A	L	P	I
A	Y	B	M	A	P	A	G	O	J	L
D	N	L	I	B	R	O	U	J	Z	W
O	B	N	M	G	A	F	A	S	C	P
R	Z	A	E	L	R	P	S	R	T	U

2. Esta es la clase de idiomas, pero el profesor no está. Responde las preguntas con ayuda de las preposiciones del recuadro.

> al lado de – encima de (x 3)
> debajo de – entre – detrás – en

1. ¿Dónde están Laura, María y Jorge?

Laura, María y Jorge están *al lado de* la ventana.

2. ¿Dónde están los diccionarios?

Los diccionarios están _____ la mesa.

3. ¿Dónde está Jorge?

Jorge está _____ Laura y María.

4. ¿Dónde está la mochila de Laura?

La mochila de Laura está _____ la silla.

5. ¿Dónde está el cuaderno?

El cuaderno está _____ la silla.

6. ¿Dónde está el balón?

El balón está _____ de la silla.

7. ¿Dónde está el mapa?

El mapa está _____ la pared.

8. ¿Dónde está el ordenador?

El ordenador está _____ la mesa.

3. Sigue el modelo.

1. hermano (yo)

   Este es mi hermano.

2. padres (yo)

   Estos _____ .

3. madre (tú)

   ¿_____ ?

4. tíos (él)

   _____ .

5. libros (tú)

   _____ .

6. hermanas (yo)

   _____ .

7. abuelos (ella)

   _____ .

8. teléfono (Vd.)

   ¿_____ ?

C. ¿Qué hora es?

1. Escribe la hora correcta debajo de cada reloj.

1. _____ 2. _____ 3. _____

4. _____ 5. _____ 6. _____

7. _____ 8. _____

2. Completa.

a.   25 *veinticinco.*

b.   87 _____ y siete.

c.   94 noventa _____ .

d.   103 _____ tres.

e.   115 _____ quince.

f.   230 doscientos _____ .

g.   321 trescientos _____ .

h.   446 _____ cuarenta y seis.

i.   535 _____ treinta y cinco.

j.   1.212 mil _____ .

k.   1.936 _____ treinta y seis.

l.   1.998 mil novecientos _____ .

ll.   2.550 dos mil _____ .

3. Escucha a esta persona hablar de los horarios de su país y escribe la hora. [2]

Desayuno: Los sirios desayunan a las _____ .

Comida: A las _____ .

Cena: _____ .

Los niños empiezan las clases a las _____ .

Los bancos abren a las _____ y cierran a las

_____ .

Las tiendas abren a las _____ y cierran a las

_____ .

4. Escribe sobre los horarios en tu país.

En mi país la gente desayuna a las _____ ,

come a las _____ y cena a las _____ .

Los bancos _____ .

Los niños _____ .

Las tiendas _____ .

5. Lee el texto y señala verdadero o falso.

HIJOS ADOPTADOS

Manolo y Nuria son gallegos, viven en Santiago de Compostela. Manolo es administrativo y tiene 36 años. Su mujer, Nuria, tiene 34 años y es peluquera. Tienen dos hijos: Hilda y Benito. Pero los hijos no son gallegos, ni españoles. Hilda es ecuatoriana, tiene 10 años, y Benito, de 8 años, es peruano. Los dos son adoptados. Ahora forman una familia feliz.

1. Manolo y Nuria no son españoles. ☐
2. Nuria es peluquera. ☐
3. Manolo y Nuria tienen tres hijos. ☐
4. Hilda y Benito son hijos adoptados. ☐

6. Ordena las frases.

1. simpática / es / hermana / mi / muy.
   Mi hermana es muy simpática.

2. ¿vives / tus / tú / padres / con?
   _____

3. ¿padres / tus / viven / dónde?
   _____

4. mayor / hermano / mi / médico / es.
   _____

5. marido / alemana / empresa / trabaja / una / en / mi.
   _____

6. vive / padres / abuelo / mi / con / mis.
   _____

7. ¿estudian / hijos / universidad / en / tus / la?
   _____

7. Escucha y completa los datos. 3

	Núm.	Hora	Puerta embarque
Río de Janeiro	125		12 A
Lima		7.55	6 C
Santiago	064	12.05	
Buenos Aires	1289		5 B
México	576	18.35	
Roma		23.10	10 A

8. Corrige los errores.

1. Mis padres es italianos.
   Mis padres son italianos.

2. ¿Dónde está mis lápices?
   _____

3. Enrique tiene dos reloj.
   _____

4. El diccionario está encima de mesa.
   _____

5. La ventana está abierto.
   _____

6. Son la una y cuarto.
   _____

7. Esta sofá es muy cómodo.
   _____

8. En mi país la gente cena las diez.
   _____

2

Practica más 1

1. Completa las tablas.

	Trabajar	Comer	Vivir
yo	trabajo	como	vivo
_____	trabajas	_____	_____
él	_____	_____	_____
nosotros	_____	_____	_____
_____	_____	_____	vivís
ellos	_____	comen	_____

Tener	Ser
_____	soy
tienes	_____
_____	_____
_____	somos
tenéis	_____
_____	_____

2. Completa las frases con uno de los verbos del ejercicio 1.

1. Ángel y Susi *tienen* dos hijos.
2. Ida _____ peruana, _____ peluquera y _____ en una peluquería.
3. Nosotros _____ los domingos en un restaurante chino.
4. A. ¿Dónde _____ usted?
   B. En Málaga, ¿y usted?
5. A. ¿_____ hijos?
   B. No, estoy soltero.

6. Rosa y Emilio _____ profesores y _____ en una escuela de idiomas.
7. Julia _____ estudiante y _____ con sus padres.
8. A. ¿Dónde _____ ustedes?
   B. Yo, en un restaurante.
   C. Y yo en una empresa de informática.
9. Nosotros no _____ hijos.
10. Ellos _____ españoles, pero _____ en Cuba.

3. Escribe en la columna correspondiente.

> silla – ordenador – mapa – sofá – diccionario
> libro – móvil – gafas – televisión – mesa
> ventana – cuaderno – hotel – chico

Masculino	Femenino
ordenador	silla

4. Escribe las preguntas.

1. A. ¿De *dónde eres*?
   B. Soy peruana.
2. A. ¿_____ español?
   B. No, soy mexicano.

3. A. ¿Dónde _____?

   B. Yo en Valencia.

   C. Y yo en Sevilla.

4. A. ¿A qué _____?

   B. Soy administrativo.

5. A. ¿_____?

   B. En una empresa de informática.

6. A. ¿_____?

   B. Roberto Martínez.

7. A. ¿_____?

   B. No, somos andaluzas.

8. A. ¿_____?

   B. No, soy soltera.

9. A. ¿_____?

   B. Sí, un niño y una niña.

5. Escribe el plural de estos nombres.

   1. la mesa   *las mesas*

   2. el reloj   _____

   3. el hombre   _____

   4. la mujer   _____

   5. el paraguas   _____

   6. el estudiante   _____

   7. la abuela   _____

   8. el padre   _____

   9. el autobús   _____

   10. el móvil   _____

6. Completa con el posesivo adecuado.

   1. ¿Cómo se llama *tu* hijo? (tú)

   2. ¿Dónde están _____ gafas? (yo)

   3. ¿De dónde es _____ profesora? (tú)

   4. ¿Dónde están _____ libros? (tú)

   5. ¿Dónde están _____ hermanas? (Vd.)

   6. ¿Dónde está _____ padre? (Vd.)

   7. ¿De dónde es _____ novia? (él)

   8. ¿Dónde está _____ diccionario. (yo)

7. Escribe los números que faltan.

   1. diez, _____ , doce, _____ , catorce,
      _____ , dieciséis.

   2. veinte, _____ , cuarenta,
      _____ , sesenta, _____ .

   3. _____ , doscientos, _____
      cuatrocientos, _____ , seiscientos,
      _____ , ochocientos,
      _____ , mil.

8. En cada frase hay un error. Encuéntralo y corrígelo.

   1. ¡Buenas días, señor Martínez!
      Buenos.

   2. Me llamo Mary y soy inglés.
      _____

   3. Ellos vive en París.
      _____

   4. Yo trabaja en un banco.
      _____

   5. Mi madre es peluquero.
      _____

   6. ¿De dónde sois Vdes?
      _____

   7. Roberto y Ana tiene dos hijos.
      _____

   8. Mi compañera está de Brasil.
      _____

   9. Nosotras somos italiana.
      _____

   10. En mi país la gente comen a las 12.
      _____

   11. La reloj de Luis es nuevo.
      _____

   12. Esta mapa es de América del Sur.
      _____

A. Rosa se levanta a las siete

1. Forma frases.

1. María / bañarse / por la mañana.
   María se baña por la mañana.

2. Jorge / levantarse / muy tarde.

   _____ .

3. ¿Tú / acostarse / antes de las 12?

   ¿ _____ ?

4. Mi novio no / afeitarse / todos los días.

   _____ .

5. Clarita / peinarse / sola.

   _____ .

6. Yo / acostarse / antes que mi mujer.

   _____ .

7. Mis padres / levantarse / temprano.

   _____ .

8. Peter / sentarse / en la última fila.

   _____ .

2. Completa con la preposición adecuada.

a (al) – de (del) – desde – hasta – en – por

1. El lunes próximo vuelvo *a* mi país.

2. La farmacia está abierta _____ las diez _____
   la mañana _____ las ocho _____ la tarde.

3. Rebeca sale _____ casa _____ las 8.

4. Yo voy _____ trabajar _____ metro y vuelvo _____
   casa andando.

5. ¿ _____ qué hora te levantas?

6. Los bancos abren _____ ocho _____ tres.

7. Los sábados _____ la mañana voy _____
   gimnasio.

8. Raúl y Luisa vuelven _____ las vacaciones mañana.

9. En esta escuela hay clases _____ la mañana y
   _____ la tarde.

3. Relaciona.

1. ir   a. despertarse
2. dormir   b. salir
3. abrir   c. volver
4. entrar   d. terminar
5. acostarse   e. levantarse
6. empezar   f. cerrar

4. Completa la tabla.

Acostarse	Volver	Ir
Me acuesto	_____	_____
Te _____	vuelves	_____
Se _____	_____	va
_____	volvemos	_____
os acostáis	_____	_____
_____	_____	van

5. Busca en la sopa de letras estas formas verbales.

ir, yo – cerrar, ella – empezar, nosotros salir, yo – venir, vosotros – cerrar, yo venir, yo – empezar, usted – salir, ellos

C	E	M	P	E	Z	A	M	O	S
I	W	R	V	O	Y	Ñ	E	M	A
E	C	I	E	R	R	A	M	H	L
R	V	E	N	G	O	B	P	X	G
R	M	Q	I	Z	M	Ñ	I	K	O
O	U	Z	S	S	A	L	E	N	C
Z	W	R	T	M	B	O	Z	Q	L
V	B	R	E	T	U	M	A	X	L

6. Completa con el verbo en presente.

1. A. Hola, María, ¿de dónde (*venir*) *vienes*?
   B. (*venir*) _____ de comprar unos regalos y (*ir*) _____ ahora mismo al supermercado, que (*cerrar*) _____ a las 9.

2. A. ¿(*ir*, nosotros) _____ mañana a la playa?
   B. Si (*acostarse*) _____ pronto hoy, sí.

3. A. ¿A qué hora (*empezar*) _____ la película?
   B. A las 12, pero yo (*acostarse*) _____ ya, estoy muy cansada.

4. A. Es tarde, ¿(*volver*, nosotros) _____ a casa?
   B. Sí, ¿(*ir*, nosotros) _____ en metro o en taxi?

B. ¿Estudias o trabajas?

1. Une estas fichas correctamente y encontrarás los días de la semana.

LU̶	NES	BA
SÁ	CO	GO
MIN	NES	VIER
DO	JUE	DO
MIÉR	MAR	LES
TES	VES	

1. LU _____
2. _____ _____
3. _____ _____ _____
4. _____ _____
5. _____ _____
6. _____ _____ _____
7. _____ _____ _____

2. Relaciona los dibujos con estas profesiones.

1. músico   b
2. conductor   ☐
3. policía   ☐
4. pintor   ☐
5. estudiante   ☐
6. camarero   ☐
7. enfermera   ☐

3. Relaciona.

1. músico   a. oficina
2. estudiante   b. aeropuerto
3. camarero/a   c. orquesta
4. enfermero/a   d. restaurante
5. dependiente   e. universidad
6. azafata   f. hospital
7. secretario/a   g. supermercado

4. Escribe algunas frases sobre estas personas. Utiliza el vocabulario del ejercicio anterior.

1. Paloma es azafata y trabaja en _____ .
2. Celia es dependienta y _____ .
3. Ana y Luisa _____ enfermeras y _____ .
4. Mi hermana _____ y _____ una oficina.
5. Jaime y Pedro _____ restaurante.

5. Nuria vive en Granada con su hija. Mira los dibujos y escribe frases sobre su vida. Utiliza los verbos del recuadro.

> ir a nadar – ducharse – leer – cenar
> trabajar – llevar al colegio – desayunar
> recoger – ~~levantarse~~

1. Nuria *se levanta* a las siete.
2. Nuria _____ .
3. Nuria _____ con su hija a las 7.30.
4. _____ a la niña a las 8.
5. _____ en el colegio desde las 9 hasta las 17.
6. _____ a su hija a las 17.30.
7. _____ a la piscina.
8. _____ con su hija a las 20.00.
9. _____ un libro antes de dormirse.

6. Completa el texto con las palabras del recuadro.

> soy – muy – trabajo – porque – salgo
> fines – el – cine – y – semanas
> cantantes – ~~de~~

Hola, me llamo Paula y soy *de* Madrid. Tengo 28 años y _____ periodista. _____ en la redacción de la revista *Clarita*. Mi trabajo es _____ interesante _____ conozco a mucha gente: artistas, políticos, _____… Todas las _____ hago un reportaje _____ una entrevista.

Los _____ de semana _____ con mis amigos. El sábado vamos a bailar y _____ domingo, al _____ .

c. ¿Qué desayunas?

1. Cuatro personas están en una cafetería. Escucha y completa qué desayuna cada uno. `4` 🔘

¿Qué toman?
A. _____ y tostada.
B. _____ .

_____ de queso
_____ .

_____ una magdalena y
_____ .

2. ¿Qué sabes de las costumbres de los españoles?

1. Los españoles comen:
   a. A las 12 del mediodía. ☐
   b. A partir de las 2 de la tarde. ☐

2. ¿Qué hacen en verano después de comer?
   a. Duermen la siesta. ☐
   b. Hacen deporte. ☐

3. ¿A qué hora se acuestan?
   a. A las 10 de la noche. ☐
   b. Entre las 11 y las 12. ☐

3. Ahora lee y comprueba tus respuestas.

HORARIOS

Los horarios en España son diferentes a los de otros países europeos. La gente normalmente trabaja por las mañanas, desde las ocho hasta las tres de la tarde, y va a casa a comer. Pero cada vez hay más personas que trabajan de nueve a cinco o seis de la tarde y comen en bares o restaurantes cerca del trabajo. La hora de comida es entre las dos y las tres y media de la tarde.

En verano algunos españoles duermen la siesta después de comer. La hora de la cena es entre las nueve y media y las diez y media de la noche. Por eso los españoles se acuestan muy tarde, a las once o las doce de la noche.

Los horarios de las tiendas también son distintos. Por la mañana abren a las diez y cierran a las dos, y por la tarde abren a las cinco y cierran a las ocho y media. Los domingos las tiendas están cerradas.

3

4. Imagina que vives en España y contesta las preguntas.

1. Unos amigos españoles te invitan a comer, ¿a qué hora puedes ir a su casa?
   _____

2. ¿Por qué los españoles no suelen llamar por teléfono entre las 3 y las 5 los días de verano?
   _____

3. Son las 3 de la tarde y quieres comprar un ramo de flores, ¿puedes hacerlo?
   _____

2. ¿En qué piso vive cada personaje?

1. Doña Matilde en el 1.º izda.
   En el primero izquierda.

2. Don Federico en el 4.º dcha.
   _____

3. Juan y Manuel en el 3.º C.
   _____

4. Mi hermana en el 2.º izda.
   _____

5. La señora González en el 10.º dcha.
   _____

A. ¿Dónde vives?

1. Mira el dibujo y señala dónde se encuentra. En el recuadro tienes el lugar de la casa donde tienes que situarlo.

> dormitorio – cocina – comedor – ~~jardín~~
> salón – garaje – cuarto de baño

1. *Jardín.*
2. _____
3. _____
4. _____
5. _____
6. _____
7. _____

LEER

3. Lee el anuncio de *venta de pisos* y completa las frases.

> ### VENTA DE PISOS
>
> **General Ricardos:** 2 dormitorios, cocina amueblada, baño completo: 90.000 €.
> **Salamanca:** 90 m², 3 dormitorios muy luminosos: 350.000 €.
> **Urgel:** 70 m², 2 dormitorios, garaje, cerca del metro: 180.000 €.
> **Chamartín:** 3 dormitorios, planta baja, pequeño jardín: 230.000 €.

1. El piso de General Ricardos tiene dos habitaciones y un _____ completo. La _____ está amueblada.

2. Los _____ del piso de Salamanca tienen mucha luz.

3. La única casa que tiene _____ es la de Urgel.

4. Por 230.000 euros tenemos un piso en Chamartín con un _____ pequeño.

B. Interiores

1. Clasifica el vocabulario del recuadro en su habitación correspondiente.

> sillones – lavabo – lavavajillas
> armarios – espejo – equipo de música
> mesa – bañera – microondas

Cocina:
armarios, _____
_____

Cuarto de baño:
_____
_____

Salón:
_____
_____

2. Completa los huecos con el artículo determinado (*el / la / los / las*).

1. Compro *el* periódico todas las mañanas.
2. ___ casa de Isidro es muy grande.
3. ___ amigos de Juan son muy jóvenes.
4. Yo vivo en ___ centro de Madrid.
5. Trabajo con ____ hermanas de Ángela.
6. ___ metro está cerca de ___ plaza Mayor.

3. Completa los huecos con el artículo indeterminado (*un / una / unos / unas*).

1. Este hotel tiene *una* piscina estupenda.
2. ¿Trabajas en _____ empresa de informática?
3. Este es ___ restaurante muy bueno.
4. Tengo _____ libros de arte preciosos.
5. Este piso tiene ___ cuarto de baño muy grande.
6. Tengo _____ pantalones nuevos.
7. Rosa vive en ___ chalé adosado.

4. Completa los huecos con el artículo determinado o indeterminado correspondiente.

1. El libro está en mi cartera pero no sé dónde están ____ gafas.
2. En la habitación hay ___ hombre y ____ mujer.
3. Cerca de mi casa hay ___ mercado.
4. ___ pizarra está en ___ pared.
5. ____ campos de fútbol están al final del parque.
6. Allí está ___ tienda de fotografía.

5. Ordena las siguientes frases.

1. Dos restaurantes / mi casa / cerca de / hay.
   Cerca de mi casa hay un restaurante.
2. Barcelona / el Museo Picasso / está / en.
   _____
3. Bilbao / cerca de / está / Santander.
   _____
4. Hay / mi casa / una estación / junto a.
   _____
5. La habitación / un cuarto de baño / al lado de / hay.
   _____
6. lavabo / espejo / está / encima / del / el.
   _____
7. está / ordenador / habitación / el / hermano / la / en / mi / de.
   _____

6. Completa las frases con: *hay, está, están, tiene, tienen*.

1. El dormitorio *está* al final del pasillo.
2. ¿____ una farmacia por aquí cerca?
3. ¿Dónde _____ los servicios, por favor?
4. En la plaza ____ un museo.
5. La estantería _____ a la derecha de la televisión.
6. ¿____ unos grandes almacenes cerca de tu casa?
7. Mis abuelos _____ una casa en el campo.

8. ¿Dónde _____ la calle General Ricardos?

9. ¿_____ tu madre microondas en la cocina?

ESCUCHAR

7. Escucha a Carmen hablando de su casa y di si las frases son verdaderas o falsas. Corrige las falsas. 5

1. La casa de Carmen está en la ciudad.
   _____

2. La casa tiene dos cuartos de baño.
   _____

3. El comedor tiene chimenea.
   _____

4. La cocina está cerca del salón.
   _____

5. La casa no tiene garaje.
   _____

6. El jardín es pequeño.
   _____

7. En la casa no hay piscina.
   _____

8. Completa el texto con las palabras del recuadro.

> está – en – dormitorios – quinta
> librería – grande – porque – cocina – hay
> televisión – el

Mi piso no es muy (1) *grande*, pero es muy cómodo. (2)_____ en un edificio antiguo, (3)_____ el centro de Madrid. Mi piso está en la (4)_____ planta, pero no (5)_____ ascensor. Tiene dos (6)_____ , un salón-comedor y un cuarto de baño, la (7)_____ y una terraza pequeña con dos plantas.
Mi habitación preferida es (8)_____ salón (9)_____ es grande y cómodo: hay dos sofás, una (10)_____ , un equipo de música, una mesa, sillas y, lo mejor, una (11)_____ con muchos libros.
La cocina es muy pequeña, sólo tengo lo necesario.

C. En el hotel

1. Pon las siguientes frases en un orden lógico.

a. Pago la cuenta. ☐

b. Relleno la ficha en la recepción. ☐

c. Paso la noche en el hotel. ☐

d. Subo a mi habitación. ☐

e. Llego al hotel. ☐ 1

f. Desayuno. ☐

g. Me marcho del hotel. ☐

2. ¿Qué se dice en estas situaciones?

1. Quieres pasar el próximo fin de semana en un hotel con tu amigo/a. Telefoneas al hotel. ¿Qué preguntas?

_____

2. Quieres saber cuánto cuesta la habitación.

_____

3. Quieres saber si el uso de la piscina está incluido en el precio.

_____

3. Lee la carta de María y contesta las preguntas.

Córdoba, 15 de julio de 2005

Querido Roberto:

Te escribo esta carta desde la habitación de mi hotel en Córdoba. Mis amigos y yo estamos de viaje por Andalucía.

El hotel es estupendo, tiene de todo: restaurante, piscina, pistas de tenis... y unas vistas preciosas.

Mañana vamos de excursión por el barrio judío y visitamos la Mezquita.

Al día siguiente vamos a Sevilla, y el último día tenemos una cena de despedida en el restaurante del hotel.

Nos vemos a la vuelta.
Besos.

María

1. ¿En qué ciudad está María?

_____

2. ¿Qué opina María del hotel?

_____

3. ¿Qué instalaciones tiene el hotel?

_____

4. ¿Qué monumento histórico van a visitar en Córdoba?

_____

5. ¿Qué otra ciudad piensan visitar?

_____

6. ¿Qué plan tienen para la última noche?

_____

4

Practica más 2

Unidades 3 y 4

1. Relaciona.

1. ¿Dónde trabaja Héctor? [c]
2. ¿A qué hora se levanta María? □
3. ¿Por qué te levantas temprano? □
4. ¿A qué se dedica Lucía? □
5. ¿Qué desayuna David? □
6. ¿Qué hacen ustedes después de comer? □
7. ¿Veis la tele por la tarde? □

a. A las siete.

b. Un café con leche y un bollo.

c. En un hospital.

d. Dormimos la siesta.

e. Porque hago gimnasia antes de desayunar.

f. No, sólo por la noche.

g. Es secretaria.

2. Escribe la forma correspondiente.

1. Acostarse, él *se acuesta.*
2. Empezar, yo _____
3. Volver, tú _____
4. Levantarse, yo _____
5. Sentarse, Vd. _____
6. Ir, nosotros _____
7. Venir, yo _____
8. Salir, yo _____
9. Volver, nosotros _____
10. Ir, él _____
11. Empezar, ellos _____
12. Acostarse, yo _____
13. Dormir, ella _____
14. Venir, Vd. _____

15. Sentarse, yo _____
16. Ducharse, ellos _____
17. Volver, yo _____

3. Completa con el verbo entre paréntesis en la forma adecuada.

Elena y Alberto (vivir) (1) *viven* en Barcelona. Alberto (ser) (2)_____ informático y trabaja en un banco. (Levantarse) (3)_____ a las siete de la mañana, (desayunar) (4)_____ y (salir) (5)_____ de casa a las siete y media. (Ir) (6)_____ a su trabajo en metro. Su mujer (levantarse) (7)_____ a las 8 y (empezar) (8)_____ a trabajar a las 9. (Ir) (9)_____ en coche porque la oficina está lejos de su casa. Alberto (comer) (10)_____ en un restaurante y por la tarde (ir) (11)_____ a un gimnasio. Elena (salir) (12)_____ de trabajar a las cinco y (volver) (13)_____ a casa. Los martes y jueves (practicar) (14)_____ yoga. A las nueve y media (cenar, ellos) (15)_____ juntos, (ver) (16)_____ un poco la tele y (acostarse) (17)_____ .

4. Completa con las preposiciones.

> de (x 3) – a (x 4) – en (x 2) – hasta

Raquel se levanta todos los días (1) *a* las 8 (2)_____ la mañana, toma un desayuno rápido y sale (3)_____ casa (4)_____ las 8.30. Va a la oficina (5)_____ autobús. Sólo trabaja media jornada, (6)_____ 9 (7)_____ 3. Vuelve a casa (8)_____ el coche de un compañero. Llega (9)_____ las 3.30, come y duerme la siesta (10)_____ las 5.

5. Completa las frases con información verdadera.

1. Los días laborables yo me levanto _____ y desayuno _____ .

2. Los sábados me levanto _____ y desayuno _____ .

3. A mediodía como en _____ con _____ .

4. Por la tarde _____ .

5. Ceno a las _____ con _____ y (no) veo la tele hasta _____ .

6. Relaciona.

1. ¿Cuántos dormitorios tiene tu casa? | g |
2. ¿Tienes jardín? | |
3. ¿Dónde está el ordenador? | |
4. ¿En qué piso vives? | |
5. ¿Dónde están los niños? | |
6. ¿Hay mucha gente en el cine? | |
7. ¿Qué estudias? | |
8. ¿Tienen habitaciones libres? | |

a. Sí, delante de la casa.
b. En el dormitorio.
c. Están arriba, jugando.
d. Medicina.
e. En el tercero izquierda.
f. Sí, claro, ¿cuántas necesita?
g. Tres.
h. No, hoy no hay mucha.

7. Completa la tabla.

1. el secretario	la secretaria
2. el _____	la dependienta
3. _____	la presidenta
4. el recepcionista	_____
5. el cocinero	_____
6. _____	la médica
7. el estudiante	_____
8. el _____	la periodista

8. Forma la preguntas.

¿Dónde / hay / está / están

> el cuarto de baño? – un supermercado?
> la parada del autobús n.º 5?
> una silla para sentarme? – la casa de Miguel?
> una estación de metro? – los libros de Julia?

¿Dónde está el cuarto de baño?

_____
_____
_____
_____
_____
_____

9. Completa con las palabras del recuadro.

> reserva – habitación – doble – por noche
> habitaciones libres – precio

– Hotel Medina. ¿Dígame?
– Hola, buenos días, ¿puede decirme si tiene _____ para Semana Santa?
– Sí, ¿qué desea, _____ o individual?
– Dos individuales, si es posible, pero ¿qué _____ tienen?
– Son 60 euros _____ y por _____ .
– Muy bien, quiero hacer la _____ .

A. Comer fuera de casa

1. Mira los dibujos y escribe las comidas favoritas de Amalia y Juan.

Amalia:
1. *judías verdes*
2. _____
3. _____
4. _____
5. _____

Juan:
1. _____
2. _____
3. _____
4. _____
5. _____

2. Localiza la palabra que no pertenece a su grupo.

1. sopa, gazpacho, *merluza*, ensalada.

2. escalope, chuletas, pescado, flan.

3. arroz con leche, judías, fruta, helado.

4. espárragos, vino, cerveza, agua.

5. plátano, naranja, manzana, escalope.

3. Ordena las siguientes frases. Después utilízalas para completar la conversación en el restaurante.

1. postre / de / fruta del tiempo / dos / los / para.
   De postre fruta del tiempo para los dos.

2. quiero / de / yo / primero / sopa de fideos.
   _____

3. merluza / segundo / quiero / de.
   _____

4. ensalada / yo / y.
   _____

5. yo / pues / pollo asado.
   _____

6. agua / beber / para / por favor.
   _____

CAMARERO: Buenas, ¿qué van a tomar de primero?

JORGE: _____

ANA: _____

CAMARERO: ¿Y de segundo?

JORGE: _____

ANA: _____

CAMARERO: ¿Qué quieren para beber?

JORGE: _____

CAMARERO: ¿Y de postre?

ANA: _____

CAMARERO: Gracias, señores.

1. Observa las habitaciones de Carmen y de Pablo. ¿Qué actividades les gusta realizar en su tiempo libre?

> esquiar – ~~escuchar música clásica~~
> montar en bicicleta – navergar por Internet
> ver la televisión – hacer fotos
> estar con animales – leer
> cuidar las plantas – ir al cine

Carmen

Pablo

1. A Carmen le gusta *escuchar música clásica*.
2. A Pablo _____
3. A los dos _____
4. _____
5. _____
6. _____
7. _____
8. _____
9. _____
10. _____

2. ¿Qué aficiones compartes y no compartes con Pablo y Carmen?

1. A mí _____
2. A mí no _____
3. _____
4. _____

3. Ordena las siguientes preguntas. Después, contéstalas.

1. ¿a tus amigos / gusta / informática / les / la?
   ¿A tus amigos les gusta la informática?
   Sí, les gusta mucho. / No, no les gusta.

2. ¿ciclismo / a ti y a tu compañero / gusta / os / el?
   _____
   _____

3. ¿animales / te / los / gustan?
   _____
   _____

4. ¿ver / le / televisión / gusta / la / a tu amigo?
   _____
   _____

5. ¿el / terror / gusta / te / cine / de?
   _____
   _____

6. ¿paella / te / la / gusta?
   _____
   _____

5

C. Receta del Caribe

1. Completa la tabla con el imperativo de los verbos.

INFINITIVO	IMPERATIVO	
	tú	usted
Hablar	*habla*	*hable*
Trabajar	_____	_____
Comer	_____	_____
Abrir	_____	_____
Beber	_____	_____

2. Completa la receta con el imperativo de los verbos del recuadro.

añadir – ~~lavar~~ – servir – mezclar – cortar

5

ENSALADA MEDITERRÁNEA

Ingredientes
- Una lechuga.
- Dos tomates.
- Una cebolla pequeña.
- Una lata de atún.
- Aceite, vinagre y sal.

1. *Lava* la lechuga y los tomates.
2. _____ las verduras en trozos pequeños.
3. _____ el atún a las verduras troceadas.
4. _____ el aceite, el vinagre y la sal en una taza.
5. _____ la ensalada mezclada con el aliño anterior.

3. Completa las frases con el imperativo de los siguientes verbos entre paréntesis.

Aprender a cocinar puede ser fácil y divertido, pero recuerda siempre los siguientes consejos:

1. *Prepara* (preparar) todos los ingredientes, antes de empezar.

2. _____ (comprar) siempre productos de primera calidad.

3. _____ (elaborar) siempre un menú equilibrado.

4. _____ (usar) siempre aceite de oliva.

5. _____ (añadir) algún detalle imaginativo a tus platos.

6. _____ (recoger) bien la cocina, una vez terminado tu trabajo.

4. Elabora la receta de tu propia ensalada.

NOMBRE DE LA RECETA
_____

Ingredientes
_____
_____
_____
_____
_____

Elaboración de la receta
_____
_____
_____
_____
_____
_____
_____
_____

LEER

5. Lee el siguiente texto y contesta las preguntas.

LA DIETA MEDITERRÁNEA

¿En qué se basa esta cultura gastronómica? Se basa fundamentalmente en el aceite de oliva, el pan y el vino. Con estos productos básicos se alimentan los pueblos mediterráneos desde hace más de cinco mil años.

Los países mediterráneos consumen como grasa principal el aceite de oliva, que favorece la disminución del colesterol. También consumen gran cantidad de pescados azules, legumbres y frutas, y menos carne. Las primeras investigaciones sobre esta dieta se centran en Grecia y en España, donde se estudian las características de su cocina, sus ingredientes, técnicas de cocción, etc., y se llega a la conclusión de que la dieta de estos países es la ideal para mantener una buena salud.

5

1. ¿Cuáles son alimentos básicos de la dieta mediterránea?
_____

2. ¿Desde cuándo utilizan estos alimentos los pueblos mediterráneos?
_____

3. ¿Por qué es bueno para la salud el aceite de oliva?
_____

4. ¿Qué alimentos sustituyen a la carne en la dieta mediterránea?
_____

5. ¿En qué países se basan las primeras investigaciones sobre esta dieta?
_____

6. Maribel va _____ su trabajo _____ coche.

7. Luis, ¿puedes venir _____ mi oficina, por favor?

8. Mis vecinos salen _____ su casa _____ las 7.

3. Escucha la conversación y señala verdadero (V) o falso (F). 6

1. Beatriz está en su hotel. ☐
2. Marta trabaja lejos de la plaza de España. ☐
3. Marta espera a Beatriz en su trabajo. ☐

A. ¿Cómo se va a Plaza de España?

1. Completa los diálogos con los verbos del recuadro en el tiempo adecuado.

> cambiar – coger – ~~ir~~ – bajar

1. A. Perdona, ¿cómo se *va* de Moncloa a Ventas?
   B. Mira, _____ la línea 3 en dirección Legazpi, te _____ en la primera estación, Argüelles, y allí _____ a la línea 4.

2. A. Perdone, ¿cómo _____ de Sol a Nuevos Ministerios?
   B. _____ la línea 2 en dirección Cuatro Caminos, allí _____ a la línea 6, es la primera estación

3. A. Perdona, ¿cómo se _____ de Goya a Argüelles?
   B. Es muy fácil, _____ la línea 4 y te _____ en la última estación.

2. Completa con las siguientes preposiciones.

> a (al) – de (del) – en – desde – hasta

1. Las estaciones *de* metro abren *a* las 6 _____ la mañana.
2. Quiero un billete _____ diez viajes.
3. ¿Cómo se va _____ la plaza Mayor?
4. _____ Argüelles _____ Metropolitano hay tres estaciones.
5. Yo voy _____ casa _____ trabajo _____ metro.

4. Escucha otra vez y marca en el plano el recorrido del que están hablando. 6

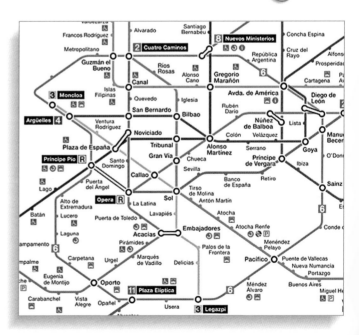

B. Cierra la ventana, por favor

1. Relaciona.

1. Pon   a. más despacio
2. Habla   b. la cuenta
3. Ven   c. la luz
4. Haz   d. la puerta
5. Cierra   e. los ejercicios
6. Pide   f. aquí
7. Enciende   g. la televisión

2. Transforma las frases anteriores.

1. *¿Puedes poner la televisión?*
2. _____
3. _____
4. _____
5. _____
6. _____
7. _____

3. Completa la tabla.

INFINITIVO	PRESENTE	IMPERATIVO
cerrar	cierro	¡cierra!
empezar	_____	_____
encender	_____	_____
seguir	sigo	¡sigue!
pedir	_____	_____
guardar	guardo	_____

4. Forma el imperativo.

1. Cerrar / el libro.
   Cierra el libro.

2. Empezar / a trabajar.
   _____

3. Encender / el ordenador.
   _____

4. Christian / sentarse allí.
   _____

5. Seguir / por aquí (Vd.).
   _____

6. Pedir / dinero / a tus padres.
   _____

7. Acostarse / pronto.
   _____

8. Levantarse ya / son las diez.
   _____

9. Darme / un vaso de agua.
   _____

10. Dejarme / tu coche.
    _____

11. Darme / su pasaporte (Vd.).
    _____

5. Jaime tiene que ordenar la habitación. Escribe las instrucciones que le da su madre.

Guardar la ropa limpia en el armario.
Poner la ropa sucia en la lavadora.
Hacer la cama.
Colocar los libros en la estantería.
Poner los CD en su sitio.

1. *Guarda la ropa limpia en el armario.*
2. _____
3. _____
4. _____
5. _____

6

c. Mi barrio es tranquilo

1. Escribe la letra adecuada.

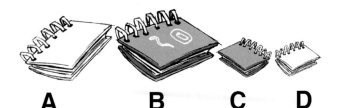

A   **B**   **C**   **D**

1. Está al lado del cuaderno gris grande y es de otro color.   `A`

2. Está a la izquierda de otro cuaderno que también es pequeño.   ☐

3. Es grande y está entre un cuaderno grande y uno pequeño.   ☐

4. Es blanco y está a la derecha de un cuaderno gris.   ☐

2. Completa con *es / está*.

ROSA: ¿Tu piso (1) *es* grande?

ANDRÉS: No, sólo tiene 40 m², (2)_____ muy pequeño, pero me gusta porque (3)_____ en un barrio muy céntrico.

ROSA: ¿(4)_____ cerca del trabajo?

ANDRÉS: Sí, muy cerca. Sólo tiene un problema: que mi calle (5)_____ muy ruidosa y no duermo bien por las noches. ¿Y tu piso, cómo (6)_____?

ROSA: Pues (7)_____ muy tranquilo y tiene mucha luz, me encanta. Pero tengo un problema, que (8)_____ muy lejos del trabajo. Tardo casi una hora en llegar todos los días.

3. Escribe el adjetivo contrario.

1. largo   *corto*
2. rápido   _____
3. alto   _____
4. grande   _____
5. fácil   _____
6. ruidoso   _____

4. De estas frases sólo dos son correctas. Busca los errores en las frases incorrectas.

1. Salamanca *está* una ciudad muy bonita, tiene muchos monumentos importantes. *Es.*

2. Mi casa es en un barrio muy tranquilo. _____

3. Este problema de matemáticas es muy difícil. _____

4. Roberto está rubio, delgado y bastante alto, está ahora en el colegio. _____

5. Fumar está malo para la salud. _____

6. Esa estación de metro es al lado de mi casa y la parada del autobús está enfrente. _____

7. Los alumnos son en la clase de historia. _____

8. ¿Está cerca de aquí la estación del metro? _____

9. Estos ejercicios no son bien. _____

5. Relaciona

	tren	puerto
	avión	aeropuerto
	barco	parada
	taxi	estación

6. Haz la encuesta.

1. ¿Qué medio de transporte utilizas normalmente?

a. metro ☐
b. autobús ☐
c. coche ☐
d. otro ☐

2. ¿Cuánto dinero gastas aproximadamente en transporte durante un mes?

a. 5-10 € ☐
b. 11-20 € ☐
c. más de 21 € ☐

3. ¿Qué medio de transporte prefieres para hacer viajes largos?

a. avión ☐
b. coche ☐
c. tren ☐
d. barco ☐

4. ¿Crees que el transporte público es…?

a. barato ☐
b. sucio ☐
c. cómodo ☐
d. rápido ☐

5. ¿Cuántos kilómetros andas al día aproximadamente?

a. 0-1 km ☐
b. 2-4 km ☐
c. 5-7 km ☐
d. más de 7 km ☐

7. Completa el texto con estas palabras.

> ritmos – cultura – cantantes – baila
> salsa – canciones – popular

La música es un elemento muy importante de la (1) *cultura* hispanoamericana. En América se mezclan los (2)_____ indígenas con los africanos y con los que llevaron los españoles. Además del *tango*, la *ranchera* o la (3)_____ , son famosos el *merengue*, la *cumbia*, el *bolero* y, sobre todo, la *bachata*, que se (4)_____ en la República Dominicana y en muchos otros lugares del mundo. La *bachata* apareció en los pueblos pero en los años 70 se hizo también muy (5)_____ en las ciudades.
Los temas de estas (6)_____ hablan casi siempre de amor y se acompañan de instrumentos de cuerda y percusión. Uno de los (7)_____ más famosos es Juan Luis Guerra.

8. Después de corregir el texto, contesta verdadero (V) o falso (F).

1. El tango, la salsa y el flamenco son ritmos típicos de Hispanoamérica. ☐

2. La bachata nació en las ciudades. ☐

3. Las canciones de bachata suelen tratar de amor. ☐

4. La bachata se toca sólo con un instrumento. ☐

6

Practica más 3

Unidades 5 y 6

1. Busca en esta sopa de letras el nombre de los alimentos.

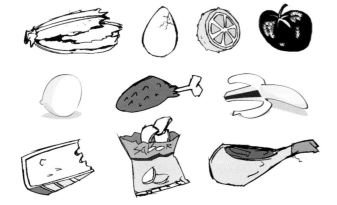

P	E	H	U	E	V	O	R	Q
L	I	M	O	N	M	Y	P	U
A	G	U	H	C	E	L	O	E
T	O	M	A	T	E	B	L	S
A	P	A	T	A	T	A	L	O
N	A	R	A	N	J	A	O	Z
O	P	J	A	M	O	N	R	X

2. Relaciona estos ingredientes con su plato.

1. arroz
2. huevo
3. fideos
4. lechuga
5. tomate
6. patatas
7. leche
8. aceite

a. flan
b. gazpacho
c. tortilla
d. ensalada
e. sopa
f. paella

3. Escribe debajo el nombre de la actividad.

jugar al fútbol

4. Mira la tabla y escribe las frases correspondientes.

	Ana	Raúl
El cine	V	V
Ir de compras	V	X
La música clásica	X	V
Nadar	X	V
Leer	V	V
Andar	X	V
Viajar	V	V
Bailar	V	V
Los ordenadores	V	X
Las motos	X	X
Las plantas	X	V
El fútbol	X	V

1. *A Ana y Raúl les gusta el cine.*
2. *A Ana le gusta ir de compras, pero a Raúl no.*
3. _____ .
4. _____ .
5. _____ .
6. _____ .
7. _____ .
8. *A los dos* _____ .
9. _____ .
10. _____ .
11. _____ .
12. _____ .

5. ¿Qué verbos son regulares y cuáles irregulares? Escribe el imperativo (tú) de cada uno.

> terminar – empezar – hablar – abrir – venir
> hacer – mirar – pasar – poner
> cerrar – coger – dar – tomar – escribir
> sentarse – comer – decir – volver

Verbos regulares	Verbos irregulares
infinitivo / imperativo	infinitivo / imperativo
Terminar / termina	*Empezar / empieza*

6. Escribe otra vez el párrafo siguiente, pero con los adjetivos y adverbios contrarios.

Yo vivo en una ciudad muy grande y ruidosa. Los edificios son muy modernos y altos. Las calles son anchas y hay muchos coches. El piso donde vivo es pequeño, y el alquiler caro, porque está cerca del centro. Hay muchas tiendas, pero son caras para mí.

Yo vivo en una ciudad muy pequeña _____
_____
_____
_____
_____

7. Completa con el verbo *ser* o *estar*.

1. Mi calle *es* ancha y larga.
2. El piso de Enrique no me gusta porque _____ pequeño y _____ muy lejos del centro.
3. Estos pisos _____ demasiado caros.
4. La casa de mi abuela _____ en el barrio antiguo de Barcelona.
5. Comer verduras y pescado _____ muy bueno para la salud.
6. A. Alberto, estos problemas _____ mal.
   B. Es que _____ muy difíciles.
7. A. Hola, Alicia, ¿qué tal _____?
   B. Bien, gracias.
8. La parada del autobús _____ enfrente de mi casa.
9. Mis vecinos _____ de Venezuela.
10. Rodolfo _____ en Caracas de vacaciones.
11. Este ejercicio no _____ bien.
12. Este libro _____ muy bueno.

5/6

8. Relaciona.

1. ¿Te gusta la carne?   [e]
2. ¿Qué quieren de primero?   ☐
3. ¿Y de postre?   ☐
4. ¿Qué haces los domingos?   ☐
5. ¿Puedes venir un momento?   ☐
6. Siéntese, por favor   ☐
7. ¿Qué quieren beber?   ☐
8. ¿Os gusta el cine?   ☐

a. Un flan, por favor.
b. Voy a bailar.
c. Vino tinto y agua.
d. A mí sí, pero a él no.
e. No mucho, prefiero el pescado.
f. Sí, ahora voy.
g. Gracias.
h. Sopa de pescado y ensalada.

A. ¿Dónde quedamos?

1. Ordena las siguientes conversaciones. Después escucha y comprueba. 7 ◉

1.

MARÍA:	¿A qué hora te viene bien?
RICARDO:	De acuerdo. ¡Hasta mañana!
MARÍA:	No, mejor a las seis y media.
RICARDO:	Lo siento, hoy no puedo, tengo que ir de compras con mi hermano. ¿Te parece bien mañana?
MARÍA:	¿Por qué no vamos a tomar algo después de trabajar?
RICARDO:	¿A las seis?

MARÍA: *¿Por qué no vamos a tomar algo después de trabajar?*

_____

_____

_____

_____

2.

DANIEL:	¿Y si nos tomamos un café antes?
CARMEN:	No puedo, lo siento, voy a cenar con unos amigos.
DANIEL:	Estupendo. Nos vemos allí a las cinco.
CARMEN:	Bueno, de acuerdo. ¿Vamos al Café Central?
DANIEL:	¿Vamos al cine esta noche?

_____

_____

_____

_____

_____

_____

_____

_____

2. Imagínate que eres Ricardo o Carmen. Escribe diferentes razones por las que no puedes quedar para salir.

_____

_____

_____

_____

ESCUCHAR

3. Carolina y Pedro están en Radio Centro hablando sobre sus espectáculos favoritos. Escucha sus comentarios y di si las frases siguientes son verdaderas o falsas. 8 ◉

1. A Pedro le gusta ir a los conciertos de rock. ☑ V

2. A Carolina le gusta la música moderna. ☐

3. No les gusta volver a casa andando. ☐

4. A Pedro le gustan los espectáculos musicales. ☐

5. A Carolina no le gusta la ópera. ☐

6. A ellos no les gusta ir al cine. ☐

4. Relaciona cada pregunta con su respuesta.

1. ¿Y el domingo? ☐
2. Entonces, ¡hasta el domingo! ¿de acuerdo? ☐
3. ¿A qué hora quedamos? ☐
4. ¿Está Enrique? ☐
5. Vale. ¿Vamos en mi coche o en el tuyo? ☐
6. Soy Pilar. Te llamaba para ver si vienes este fin de semana a la sierra. ¿Qué te parece el sábado? ☐ d

a. Pues, podemos quedar a las 11.
b. Sí, soy yo.
c. Podemos ir en el mío.
d. No, ese día no puedo. Viene mi hermano a comer a casa.
e. De acuerdo, nos vemos el domingo.
f. Sí, ese día me viene bien.

5. Escribe las preguntas para las siguientes respuestas.

1. *¿Está Pilar?*
   No, Pilar no está. Está trabajando.

2. _____
   Puedes llamarla a las 3 de la tarde.

3. _____
   Lo siento, mañana no puedo ir al cine. Tengo que estudiar.

4. _____
   No, las seis es un poco pronto; mejor a las ocho.

5. _____
   (Quedamos) a las cinco.

6. _____
   (Quedamos) en la puerta de mi casa.

6. Lee el siguiente texto y di si las frases siguientes son verdaderas o falsas.

LA NOCHE MADRILEÑA

Cerca de la Puerta del Sol nos encontramos con una de las zonas más populares de Madrid: la plaza de Santa Ana y la calle de las Huertas. Barrio de escritores como Cervantes, Lope de Vega o Quevedo, es en la actualidad una zona en la que se pueden encontrar al mismo tiempo teatros, cervecerías, bares de tapas, restaurantes y locales de copas, que están abiertos hasta altas horas de la noche.

Su ambiente es una mezcla de edades y procedencias, y es una buena opción si lo que quieres es disfrutar de la noche madrileña.

La plaza de Santa Ana es el punto de encuentro de gran cantidad de personas que luego se reparten por la Calle de las Huertas y alrededores.

7

1. La Puerta del Sol está en Madrid. ☐
2. El barrio donde vivió Cervantes está cerca de la Puerta del Sol. ☐
3. Cervantes, Lope de Vega y Quevedo no vivieron en la misma ciudad. ☐
4. No hay restaurantes en la calle de las Huertas. ☐
5. En esta zona de Madrid se reúnen personas mayores y jóvenes. ☐
6. La gente queda a menudo en la plaza de Santa Ana. ☐

B. ¿Qué estás haciendo?

1. Mira el cuadro de *Las meninas*. ¿Qué están haciendo los personajes?

1. Velázquez *está pintando* (pintar).
2. Las meninas _____ (jugar) con la princesa.
3. La princesa _____ (mirar) al perro.
4. El perro _____ (descansar).
5. Los reyes _____ (ver) la escena.
6. Un hombre _____ (salir) de la habitación.

2. Subraya la forma apropiada del verbo.

1. Soy vegetariano. No *como* / *estoy comiendo* carne.
2. ¿Dónde está Juan? *Hace* / *Está haciendo* la comida.
3. ¿Qué libro *lees* / *estás leyendo* ahora?
4. Todas las mañanas *hago* / *estoy haciendo* deporte.
5. No te entiendo, no *hablo* / *estoy hablando* francés.
6. ¿Cuántas horas *duermes* / *estás durmiendo* todos los días?
7. ¿Qué clase de música *te gusta* / *te está gustando* más?
8. No podemos verlo. *Trabaja* / *Está trabajando* en este momento.

3. Completa el texto con la forma correcta del verbo (presente o *estar* + gerundio).

Pepa (1) *vive* (vivir) en Badajoz, España, pero en este momento (2)_____ (pasar) unos días en Barcelona con unos amigos. Esta semana Pepa y sus amigos (3)_____ (visitar) los monumentos más importantes de la ciudad. Hoy, como hace buen tiempo, sus amigos (4)_____ (bañarse) en la playa. Barcelona (5)_____ (tener) unas playas preciosas, pero a Pepa no (6)_____ (gustar) la playa. Ella y su amiga Lara (7)_____ (ver) el museo Picasso. Luego, por las noches todos juntos (8)_____ (cenar) en algún restaurante del puerto.

4. Pon las palabras en el orden correcto.

1. para / me / un / preparando / examen / estoy.
   Me estoy preparando para un examen.

2. ¿haciendo / qué / ahora / estás?
   _____

3. un / comiendo / bocadillo / están.
   _____

4. haciendo / cena / estamos / la.
   _____

5. está / marido / trabajando / mi.
   _____

6. semana / mucho / esta / lloviendo / está.
   _____

7. están / partido / mis / viendo / amigos / tenis / un / de.
   _____

5. ¿Qué están haciendo? Utiliza la forma correcta del verbo con el pronombre reflexivo correspondiente.

1. María / lavarse / la cara.
   María se está lavando la cara.

2. Luis / afeitarse.
   _____

3. Mi hermano / ducharse.
   _____

4. (yo) / peinarse.
   _____

5. Susana y Rosa / pintarse los labios.
   _____

6. Miguel / bañarse.
   _____

7. Mi hijo / peinarse.
   _____

C. ¿cómo es?

1. ¿Son verdaderas o falsas estas frases sobre el cuadro *Las meninas* de Velázquez?

1. El pintor tiene el pelo corto. F
2. La infanta lleva gafas. ☐
3. Las meninas son rubias. ☐
4. Las meninas son jóvenes. ☐
5. El pintor tiene barba y bigote. ☐
6. El pintor es calvo. ☐
7. La infanta es alta. ☐

2. Describe, utilizando las palabras del recuadro, a los siguientes personajes del cuadro.

> pelo largo – pelo rubio – barba
> pelo moreno – bigote – gafas
> joven – jóvenes – mayor – alto

Velázquez _____
_____
_____

La infanta Margarita _____
_____
_____

Las meninas _____
_____
_____

3. Escribe los contrarios.

1. tacaño   _____
2. _____   hablador
3. simpático   _____
4. serio   _____
5. _____   educado

4. ¿Qué te parecen estos personajes? Utiliza los adjetivos del ejercicio anterior.

El hombre: _____
_____

La mujer: _____
_____

A. De vacaciones

1. Relaciona las preguntas con las respuestas.

1. ¿Para qué vas a correos? [e]
2. ¿Para qué vas a la farmacia? ☐
3. ¿Para qué vas a la estación? ☐
4. ¿Para qué vas al estanco? ☐
5. ¿Para qué vas al mercado? ☐
6. ¿Para qué vas al quiosco? ☐

a. Para comprar medicinas.
b. Para comprar el periódico.
c. Para coger el tren.
d. Para comprar carne y pescado.
e. Para enviar una carta.
f. Para comprar sellos.

2. Mira el plano de calles y completa las conversaciones.

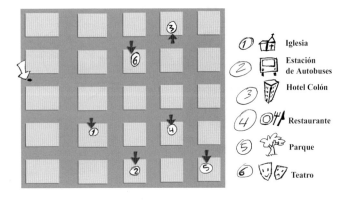

1. A. Por favor, ¿para ir a la iglesia?
   B. Gire la primera a la derecha y después tome la _____ .

2. A. ¿Puede decirme cómo se va a la estación de autobuses, por favor?
   B. Siga todo recto y tome _____ y después gire por la segunda a la izquierda.

3. A. ¿El hotel Colón, por favor?
   B. Siga recto y tome _____ y _____ .

3. Escribe tres conversaciones más como las del ejercicio 2.

1. A quiere ir a un parque.
   A. _____
   B. _____
   _____

2. A quiere ir al teatro.
   A. _____
   B. _____
   _____

3. A quiere ir a un restaurante.
   A. _____
   B. _____
   _____

4. Completa las frases con las preposiciones del recuadro.

> a (x 3) – en (x 3) – de (x 5) – hasta – al

1. Hay una farmacia *en* la calle Santa Marta.
2. Para encontrar la estación, siga _____ el final _____ la calle.
3. El cine está ___ la derecha del restaurante.
4. La iglesia _____ San Juan es un edificio muy bonito.
5. Hay un hotel _____ la primera calle _____ la izquierda.
6. _____ la puerta del Sol hay una estación _____ metro.
7. El mercado está _____ lado _____ la estación _____ tren.
8. ¿Cómo se va _____ la plaza Mayor?

5. Lee esta poesía y relaciona los dibujos con los nombres.

La plaza tiene una 🏰 ,

la 🏰 tiene un 🪟 ,

el 🪟 tiene una 👸 ,

la 👸 , una blanca 🌹 .

Ha pasado un 🤺 ,

¿quién sabe por qué pasó?

y se ha llevado la plaza con su 🏰 y

su 🪟 , con su 🪟 y su 👸 ,

su 👸 y su blanca 🌹 .

Antonio Machado

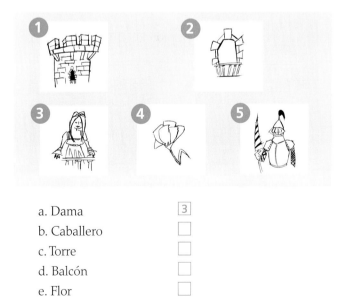

a. Dama   3
b. Caballero
c. Torre
d. Balcón
e. Flor

1. Completa la tabla.

INFINITIVO	PRETÉRITO INDEFINIDO	
	yo	el / ella
ver	*vi*	*vio*
ir	fui	_____
_____	_____	comió
escuchar	_____	_____
_____	leí	_____
empezar	_____	_____
_____	estuve	_____
_____	jugué	_____
salir	_____	_____
_____	viví	_____

2. Relaciona las frases de *A* con las de *B*. Pon el verbo de *A* en presente y el de *B* en pretérito indefinido.

A.
1. Normalmente *trabajo* (trabajar) ocho horas al día, pero   c
2. Ana, normalmente, _____ (ir) en coche al trabajo, pero ☐
3. Mateo _____ (ver) la televisión por las noches, pero ☐
4. Ana y Mateo _____ (ir) a la playa los fines de semanas, pero ☐
5. Normalmente _____ (llover) mucho en invierno, pero ☐
6. Mateo y yo normalmente _____ (hacer) camping en agosto, pero ☐

B.
a. el verano pasado _____ (estar) en un hotel.
b. el fin de semana pasado ____(jugar) al tenis.
c. ayer *empecé* (empezar) a las 9 de la mañana y terminé a las 9 de la noche.
d. el año pasado _____ (nevar) mucho.
e. ayer ____ (ir) en autobús.
f. ayer por la noche _____(escuchar) música.

8

3. Completa la conversación con el pretérito indefinido de los verbos del recuadro.

A. Ayer fue mi cumpleaños. ¡Ya tengo 30 años!

B. Vaya, ¡felicidades! ¿Dónde (1) *estuviste* (estar)?

A. (2)_____ (ir) a un restaurante italiano con mis amigos.

B. ¿Qué (3)_____ (comer / vosotros)?

A. Todos (4)_____ (pedir) pasta.

B. ¿Qué tal lo (5)_____ (pasar)?

A. Nos lo (6)_____ (pasar) muy bien y nos (7)_____ (reír) mucho. ¿Cuándo es tu cumpleaños?

B. (8)____ (ser) ayer.

A. ¡Anda! ¡Qué casualidad! ¡Muchas felicidades!

4. Mira la agenda de Guillermo. Ordena las preguntas y contéstalas.

J U N I O	
Miércoles	Examen de español.
Jueves	Llamar a Tomás.
Viernes	Coger el tren a las 11:30.
Sábado	Cumpleaños de María.
	Quedamos a las 5.
Domingo	Al cine con Tomás.
Lunes	Nota del examen.
Martes	Ir al gimnasio.

1. ¿por / llamó / a / teléfono / quién / jueves / el?
_____
_____

2. ¿cogió / qué / tren / el / día?
_____
_____

3. ¿hora / tren / a / salió / qué / el?
_____
_____

4. ¿fue / el / sábado / de / cumpleaños / quién / el?
_____
_____

5. ¿fue / el / quién / cine / domingo / al / con?
_____
_____

6. ¿la / examen / nota / cuándo / del / vio?
_____
_____

7. ¿el / adónde / martes / fue?
_____
_____

C. ¿Qué tiempo hace hoy?

ESCUCHAR

1. Escucha y completa con las palabras del recuadro. 9 🔘

avión – más tarde – despedí – río – salieron
estuve – después – finalmente – cogí – hice

Desde niña, siempre deseé conocer la selva. Este verano (1) *estuve* en Perú, un país maravilloso.
Al día siguiente de mi llegada a Lima, (2)_____ un (3)_____ a Iquitos, preciosa ciudad tropical, como sacada de una película: los mototaxis, los mercados de fruta, las casas y el (4)_____ Amazonas.

(5)_____ entramos en la selva, dispuestos a pescar pirañas, bañarme en el Amazonas, comer plátano frito…

(6)_____ , paramos en un pueblo en medio de la selva. En unos segundos un montón de niños (7)_____ de sus casas y me rodearon con sus rostros sonrientes.

(8)_____ , me (9)_____ unas fotos con ellos y me (10)_____ muy contenta de llevarme un recuerdo auténtico del Amazonas.

2. Corrige las siguientes frases.

1. Al tercer día nos marchamos a Iquitos.

_____

2. En Iquitos vimos el río Paraná.

_____

3. En el Amazonas se pescan tiburones.

_____

4. En el pueblo de la selva conocimos a un grupo de jóvenes.

_____

5. No me llevé ningún recuerdo del Amazonas.

_____

3. ¿Qué tiempo hace hoy en Sudamérica?

	PERÚ	MÉXICO	ARGENTINA	BRASIL
Tiempo	Frío	Calor	Nublado	Lluvia
Temperatura	2 °C	29 °C	15 °C	17 °C

En Perú hace frío. Tienen una temperatura de dos grados centígrados.

1. _____

_____

2. _____

_____

3. _____

_____

4. Lee el siguiente anuncio de una revista de viajes y contesta las preguntas.

PREPARE SU VIAJE A MÉXICO

DATOS BÁSICOS

POBLACIÓN: unos 100 millones de habitantes.
MONEDA: el peso mexicano (1 € = 14,5 pesos).
DOCUMENTACIÓN: pasaporte.

CUÁNDO IR

Los mejores meses del año son de octubre a mayo.

CÓMO LLEGAR

Vuelos directos diarios con Iberia y Aeroméxico.

VISITAS IMPRESCINDIBLES

CIUDAD DE MÉXICO: el Museo Nacional y las pirámides de Teotihuacan.
OAXACA: ruinas de Monte Albán.
CHIAPAS: pirámides mayas.
Playas de CANCÚN.

Información: www.visitméxico.com

1. ¿Cuántos habitantes tiene México?

_____

2. ¿Cuántos pesos mexicanos puedes comprar con 300 €?

_____

3. Di seis buenos meses para ir a México.

_____

4. ¿Qué compañías tienen vuelo directo todos los días desde Madrid?

_____

8

Practica más 4

Unidades 7 y 8

1. Completa las frases con *estar* más *gerundio*.

1. Yo *estoy viendo* (*ver*) una película.
2. ¿(tú) _____ (*estudiar*)?
3. Nacho _____ (*hacer*) la comida.
4. Mi hermana y yo _____ (*preparar*) un plato vegetariano.
5. ¿(vosotros) _____ (*ver*) la tele?
6. Juan y Pedro _____ (*jugar*) al fútbol.

2. Completa el texto con el tiempo correcto de los verbos del recuadro. (Presente o *estar* + gerundio).

> enseñar – estar – hablar – gustar
> ir – comentar – preguntar – comprar

Hoy es el cumpleaños de Beatriz, y Amanda (1) *está comprando* un regalo para ella. Está en una librería y (2)_____ con el dependiente. Amanda le (3)_____ sobre libros de cine y el dependiente le (4)_____ las últimas novedades.
Amanda y Beatriz (5)_____ al cine todos los fines de semana. A la salida (6)_____ la película. A veces no (7)_____ de acuerdo porque a Amanda (8)_____ el cine de terror y a Beatriz no.

3. Completa las frases con el pretérito indefinido de los verbos del recuadro.

> viajar – volver – vivir – ganar
> estar – irse – tocar

1. A Patricia le *tocó* la lotería.

2. Ella _____ mucho dinero.

3. Ella y sus amigos _____ de viaje.

4. (Ellos) _____ en avión.

5. (Ellos) _____ en el Caribe.

6. Patricia no _____ a casa hasta un mes después.

7. Todos _____ una experiencia inolvidable.

4. Completa la entrevista con el pretérito indefinido de los verbos entre paréntesis.

TV1:   A usted le (1) *tocó* (*tocar*) la lotería el año pasado. ¿Cómo lo (2)_____ (*celebrar*)?

PATRICIA: Primero (3)_____ (*llamar*) a mi amiga Marisa.

TV1:   ¿Cómo (4)_____ (*gastar*) el dinero?

PATRICIA: Me (5)_____ (*ir*) de compras y (6)_____(*comprar*) regalos para todos mis amigos. Y la semana siguiente la (7)_____(*pasar*) todos en una playa del Caribe.

5. Elige el adjetivo correcto de cada pareja.

> serio/a – alegre
> tacaño/a – generoso/a
> hablador/a – callado/a
> antipático/a – simpático/a
> maleducado/a – educado/a

1. Ricardo gasta muy poco dinero. Nunca invita a sus amigos. Es un _____ .

2. Nadie quiere ser su amigo. Es muy _____ .

3. Nunca se ríe. Siempre está _____ .

4. Manuel nunca saluda por la mañana. Es un _____ .

5. Pilar no para de hablar. Es muy _____ .

6. Mira el mapa del tiempo de América del Sur y di qué tiempo hace en cada una de las capitales numeradas.

1. *En Caracas hace calor.*

2. _____

3. _____

4. _____

5. _____

6. _____

7. Encuentra los doce meses del año en esta sopa de letras.

A	M	A	R	Z	O	B	F	C	O
B	A	C	L	I	S	E	D	L	C
N	Y	Z	O	Q	B	A	A	M	T
A	O	R	T	R	A	N	G	J	U
B	P	V	E	N	E	R	O	U	B
R	S	R	I	T	F	U	S	N	R
I	O	S	V	E	X	N	T	I	E
L	N	P	R	D	M	P	O	O	T
D	I	C	I	E	M	B	R	E	F
S	E	P	T	I	E	M	B	R	E
U	A	C	J	U	L	I	O	E	H

7 / 8

A. ¿Cuánto cuestan estos zapatos?

1. Escucha y completa estas conversaciones. `10`

1.
A. ¿Puedo ayudarla?
B. Sí, ¿(1) *cuánto* cuestan estos pendientes?
A. 20 euros.
B. ¿Y esos de ahí, los azules?
A. Esos están rebajados, (2)_____ 15 euros.
B. Me los (3)_____ .
A ¿Va a pagar en efectivo o (4)_____
   _____?
B. Con tarjeta.

2.
A. Buenos días. ¿Cuánto (1)_____ la falda roja
   del escaparate?
B. (2)_____ 40 euros.
A. ¿Puedo (3)_____?
B. Sí, claro, los probadores están al final del pasillo.
   (…)

B. ¿Qué tal le (4)_____?
A. Pues no me (5)_____ mucho, lo siento, no
   me la (6)_____ .

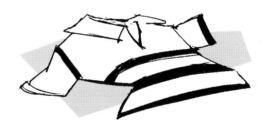

3.
A. Mira esa camiseta verde, sólo (1)_____ 10
   euros.
B. Me (2)_____ más esta, ¿por qué no te la
   pruebas?
A. Vale… A ver… ¿Cómo me (3)_____?
B. Fenomenal.
A. ¿(4)_____ cuesta?
B. Da igual, yo te la regalo.

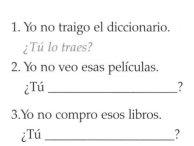

2. Escucha otra vez y comprueba. `10`

3. Haz preguntas como en el ejemplo con los
pronombres *la*, *lo*, *las*, *los*.

1. Yo no traigo el diccionario.
   ¿Tú lo traes?
2. Yo no veo esas películas.
   ¿Tú _____?
3. Yo no compro esos libros.
   ¿Tú _____?

4. Yo no conozco a la tía de David.

¿Tú _____?

5. Yo no leo el periódico.

¿Tú _____?

6. Yo no uso el ordenador de la escuela.

¿Tú _____?

4. Completa las frases.

1. Est*e* vestido es muy cort___ .

2. Es_____ clase es pequeñ___ .

3. Es___ coches son nuev___ .

4. Aquell_____ chicas están cansad___ .

5. ¿Cuánto cuesta est___ falda roj___?

6. ¿De quién es est___ libro?

7. A. ¿Es___ botas son car___?

B. Sí, pero mira, aquell___ son más barat___ .

5. Completa las frases con los pronombres del recuadro.

> ~~me~~ – te – lo (x 2) – la – os (x 2)
> nos – los – las

1. ¿Por qué no *me* escuchas?

2. Allí está María, ¿____ ves?

3. ¿Dónde están mis zapatos?, no ____ veo.

4. A. ¿Conoces al profesor nuevo?

B. No ____ conozco.

5. A. ¿Dónde están los niños?

B. No ____ sé.

6. ¿Venís a la cafetería?, yo ____ invito.

7. Isabel, ____ (a ti) espero en la puerta del cine.

8. A. ¿_____ (a nosotros) invitas a tu cumpleaños?

B. Sí, ____ espero a las 7.

9. A. ¿Cómo están tus hermanas?

B. Muy bien, ____ vi ayer.

1. Busca el nombre de esta ropa en la sopa de letras.

9

R	W	J	E	R	S	E	Y	P	O
R	P	O	Y	N	B	N	S	A	Z
E	C	V	B	E	R	T	D	N	M
A	S	C	A	M	I	S	E	T	A
S	O	P	B	F	A	L	D	A	N
I	T	V	M	S	W	C	X	L	X
M	A	X	A	B	R	I	G	O	M
A	P	X	W	E	T	R	Y	N	U
C	A	L	C	E	T	I	N	E	S
B	Z	B	R	E	T	G	H	S	M

2. Completa.

En el departamento de objetos
perdidos de estos grandes almacenes tenemos:

1. un moneder__ marrón,

2. una carpet__ negr__,

3. unos guantes gris__ __,

4. unas gaf__ __ roj__ __, muy modern__ __,

5. una pelot__ amarill__ .

6. unos bolígrafos azul__ __.

También tenemos:

7. un paraguas ros__,

8. unos calcetines verd__ __ y

9. una bufand__ naranj__.

1. Escribe una frase con el mismo significado.

1. Estos vaqueros son más caros que aquellos.
   Aquellos vaqueros son más baratos que estos.

2. Juanjo es mayor que yo.
   _____

3. El coche de Ramón es peor que el de Miguel.
   _____

4. El sillón es más cómodo que la silla.
   _____

5. Lleva la falda más larga que el abrigo.
   _____

6. Raquel tiene menos libros que nosotras.
   _____

2. Completa este texto utilizando los comparativos
del recuadro.

> tan – mayor – tanta
> ~~mejor~~ – más (x 3)

¿Dónde te gusta ir de vacaciones?

ÁNGEL: Es (1) *mejor* ir a la playa que a la
          montaña.

SUSANA: ¿Por qué? Yo prefiero la montaña, así las
          vacaciones son (2)_____ tranquilas,
          no hay (3)_____ gente como en la
          playa.

ÁNGEL: Sí, en la montaña hay (4)_____ gente
          pero también es mucho (5)_____'
          aburrido. ¿Adónde vas por las noches?
          ¿Y qué haces durante el día? No hay
          nada (6)_____ relajante como
          tumbarse un día entero al sol y bañarse
          en el mar de vez en cuando.

SUSANA: Dormir poco y tomar mucho el sol es
          muy malo para la piel. ¿Sabes?, creo que
          por eso tú pareces mucho (7)_____
          que yo. Mira, no tengo ni una arruga.

3. ¿Dónde prefieres ir tú de vacaciones? Escribe unas líneas y explica qué razones tienes.

A mí me gusta mucho ir a la playa porque…
Yo prefiero ir a la montaña…

4. Lee el texto y completa los huecos con las palabras del recuadro.

> lugar – después – ~~noroeste~~ – empezó
> la catedral – es – mirar – ambiente
> postre – hay – encontrar – que

SANTIAGO DE COMPOSTELA

Santiago de Compostela, capital de la comunidad autónoma de Galicia es el final del "Camino de Santiago". Situada en el (1) *noroeste* de España, en la Edad Media fue un (2)_____ muy famoso, fue la tercera ciudad de la Cristiandad, (3)_____ de Jerusalén y Roma.

En la Plaza del Obradoiro se encuentra (4)_____, una obra maestra que se (5)_____ a construir en el siglo XII (Pórtico de la Gloria) y se reformó en el siglo XVII (fachada barroca del Obradoiro). (6)_____ un placer pasear por la parte antigua, tomar tapas y vinos, (7)_____ las tiendas de artesanía o de dulces típicos.

La ciudad tiene un (8)_____ muy animado, gracias a los turistas, y sobre todo a los estudiantes (9)_____ estudian en su famosa universidad. Es fácil (10)_____ alojamiento en hoteles, pensiones, hostales, etc., y también (11)_____ muchas posibilidades de disfrutar la comida gallega. Los platos más típicos son el caldo gallego, el pulpo "a feira", la empanada gallega rellena de carne o pescado, los pimientos de Padrón y, de (12)_____ , la rica tarta de Santiago.

A. La salud

1. Mira el dibujo y escribe el nombre de las distintas partes del cuerpo.

> pecho – cuello – pelo – oreja – ojos
> cara – hombro – brazo – mano – dedos
> ~~rodilla~~ – pie – pierna

1. *rodilla.*
2. _____
3. _____
4. _____
5. _____
6. _____
7. _____
8. _____
9. _____
10. _____
11. _____
12. _____
13. _____

2. ¿Qué palabra no pertenece a su grupo?

1. ojos, dientes, bigote, *dedos*.
2. hombro, mano, oreja, dedos.
3. rodilla, cara, pierna, pie.
4. pie, cara, cuello, pelo.
5. brazo, pierna, pie, ojos.
6. pecho, hombro, dedos, cuello.

3. Escribe las respuestas. La número 1 es la palabra vertical.

CRUCIGRAMA

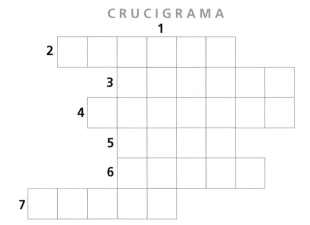

1. Oyes con ellas: _____
2. Te lo puedes afeitar: _____
3. Los usas para abrazar: _____
4. Te los lavas después de comer: _____
5. Los cierras cuando duermes: _____
6. Te las lavas antes de comer: _____
7. En ellos te pones los anillos: _____

4. Completa las siguientes frases con el verbo *doler.*

1. ¡Baja la música! A papá *le duele* la cabeza.
2. A Juan y a Carmen _____ la espalda.
3. No puedo cenar porque _____ el estómago.
4. Mi hermana va mañana al dentista porque _____ las muelas.

5. ¿Y a ti qué _____?

6. Hemos hecho mucho ejercicio y ahora _____ las piernas.

5. Ordena la siguiente conversación entre Sonia y Alfonso.

SONIA:	Seguro que mañana estás mejor.	☐
SONIA:	¿Estás tomando algo?	☐
SONIA:	¿Qué te pasa Alfonso? ¿Te encuentras bien?	☐ 1
SONIA:	¿Por qué no te tomas una aspirina y descansas?	☐
ALFONSO:	Sí, es lo mejor porque mañana tengo mucho trabajo.	☐
ALFONSO:	No muy bien. Tengo fiebre.	☐
ALFONSO:	No, de momento no.	☐

B. Antes salíamos con los amigos

1. Relaciona las frases de la columna *A* con las de la columna *B* y completa con el pretérito imperfecto.

1. Ahora trabajo en una oficina, d

2. Ahora vamos al cine, ☐

3. Ahora Juan viene los martes a clase, ☐

4. Ahora compro el periódico, ☐

5. Ahora me gusta la música clásica, ☐

6. Ahora haces la comida, ☐

a. antes _____ los jueves.

b. antes _____ la cena.

c. antes _____ revistas.

d. antes *trabajaba* en un restaurante.

e. antes _____ el rock.

f. antes _____ al teatro.

2. Completa las frases con el pretérito imperfecto de los verbos del recuadro.

> ir – tocar – estar – ser – ~~encontrarse~~
> subir – tener

1. Ayer no fui a trabajar porque *me encontraba* mal.

2. Ana no fue a la cena porque _____ enferma.

3. Ayer, cuando _____ al cine, vi un accidente.

4. Cuando Juan _____ 18 años, se sacó el carné de conducir.

5. Julia y Jorge, cuando _____ jóvenes, _____ el piano.

6. Me encontré con Antonio cuando _____ por las escaleras.

3. Completa la siguiente entrevista con el pretérito imperfecto de los verbos entre paréntesis.

MARCOS CURIEL **cumple 95 años el próximo 14 de noviembre.**

ENTREVISTADOR:	¿Tiene amigos de su edad?
MARCOS:	Tengo algunos amigos más jóvenes. (1) *Tenía* (tener) uno de mi edad, pero murió a los 90 años.
ENTREVISTADOR:	¿Es el mundo ahora muy diferente?
MARCOS:	Todo está muy cambiado. Antes todos nosotros (2)_____ (vivir) muy mal y ahora todo el mundo vive mejor.
ENTREVISTADOR:	Cuando (3)____ (ser) niño no (4)_____(haber) televisión, ni radio…

10

MARCOS:	No, nosotros no (5)_____ (tener) nada de eso.
ENTREVISTADOR:	¿Qué es lo que más recuerda de su infancia?
MARCOS:	Me acuerdo de cuando yo (6)____ (ir) a ayudar a mi padre. Él (7)____ (ser) barbero y (8)_____ (atender) a mucha gente.
ENTREVISTADOR:	¿Cuál es el secreto para llegar a los noventa y cinco años?
MARCOS:	Cuando mi familia y yo (9)_____ (vivir) en Trujillo (10)_____ (tomar) muchos alimentos naturales, leche recién ordeñada y patatas recogidas del campo.

4. Vuelve a leer la entrevista con Marcos y contesta las preguntas.

1. ¿Cuántos años tenía su amigo cuando murió?

   _____

2. ¿Dónde vivía Marcos con su familia?

   _____

3. ¿Qué profesión tenía el padre de Marcos?

   _____

4. ¿Qué comían Marcos y su familia?

   _____

C. Voy a trabajar en un hotel

1. Relaciona las siguientes preguntas con sus respuestas.

1. ¿Para qué vas a aprender español? [c]
2. ¿Cuándo se va a casar Pedro? [ ]
3. ¿Cuántos días van a estar? [ ]
4. ¿A qué hora vamos a quedar? [ ]
5. ¿Qué carrera vas a estudiar? [ ]

a. A las ocho y media.
b. Dentro de dos meses.
c. Porque quiero viajar a España.
d. Tres o cuatro.
e. Medicina.

2. ¿Qué planes tienen los siguientes personajes para el fin de semana?

1. Juan / lavar el coche.
   Juan va a lavar el coche.

2. Yo / llamar a mis amigos.

   _____

3. Ana / cenar con Pedro.

   _____

4. María y Alberto / pintar su casa.

   _____

5. Tomás y yo / arreglar nuestras bicicletas.

   _____

6. ¿(Tú) / ir a la piscina?

   _____

7. ¿(Vosotros) / venir a comer?

   _____

3. Completa la conversación.

ROSA:	¡Hola, Pablo! Soy Rosa. ¿Qué vas a hacer este sábado?
PABLO:	Tenemos un examen el lunes, y Elena (1)_____ (venir) a estudiar a mi casa.
ROSA:	¿Y el domingo?
PABLO:	El domingo por la mañana Ángel y yo (2)_____ (ver) una exposición y por la tarde (3)_____ (jugar) a los bolos. ¿Te vienes?
ROSA:	El domingo por la mañana yo no (4)_____ (poder) porque (5)_____ (lavar) el coche, pero nos vemos por la tarde.
PABLO:	¡Estupendo! ¡Hasta el domingo!

10

4. Relaciona cada país o ciudad con una actividad.

LEER

1. Estados Unidos   [f]
2. Moscú   ☐
3. Egipto   ☐
4. España   ☐
5. Río de Janeiro   ☐
6. Kenia   ☐
7. Grecia   ☐

a. Oír flamenco.
b. Visitar las pirámides.
c. Pasear por la plaza Roja.
d. Bañarse en las playas de Copacabana.
e. Hacer fotos a los leones.
f. Volar sobre el Gran Cañón.
g. Conocer las islas griegas.

5. Di qué van a hacer los siguientes personajes en sus vacaciones.

1. David / Kenia.
   David va a hacer fotos a los leones.

2. Pedro / Estados Unidos.
   _____

3. Alberto y Pablo / Moscú.
   _____

4. Yo / Egipto.
   _____

5. Tú / España.
   _____

6. Mi novio / a y yo / Río de Janeiro.
   _____

7. Nosotros / Grecia.
   _____

6. Lee el texto y di si las frases siguientes son verdaderas o falsas.

¡REFORME SU CASA!

¿Necesita su casa una reforma? Todas las semanas la revista SU CASA AL DÍA va a sortear un premio de 10.000 euros entre nuestros lectores para reformar su casa y su mobiliario. Esta semana la ganadora es la señora Ruiz, que nos va a contar sus planes de reforma.

ENTREVISTADORA: ¿Qué va a hacer con el dinero, señora Ruiz?

SRA. RUIZ: Lo primero que voy a hacer es pintar toda la casa. Voy a poner distintos colores en cada habitación.

ENTREVISTADORA: ¿Qué piensa su familia?

SRA. RUIZ: Están todos de acuerdo. Ellos van a elegir el color de cada habitación.

ENTREVISTADORA: ¿Y qué va a hacer con los muebles?

SRA. RUIZ: Voy a cambiar los muebles viejos y también los electrodomésticos.

ENTREVISTADORA: ¿Va a hacer algo más?

SRA. RUIZ: Si me sobra dinero, vamos a comprar un equipo de música nuevo.

ENTREVISTADORA: Es una idea excelente. ¡Que lo disfruten, Sra. Ruiz!

10

1. La Sra. Ruiz va a recibir una herencia de 10.000 euros.   [F]
2. Se va a gastar el dinero en un viaje.   ☐
3. Va a pintar las paredes de colores.   ☐
4. La familia no está de acuerdo con la reforma.   ☐
5. Los hijos van a elegir los colores de las habitaciones.   ☐
6. Con el dinero restante van a comprar una televisión.   ☐

Practica más 5

9
10

Unidades 9 y 10

1. Sustituye el nombre por el pronombre objeto como en el ejemplo.

Dame *el libro.* / Dáme*lo.*

1. El domingo vi el partido por la televisión.
   _____ vi con mis amigos.
2. Ayer me compré unos zapatos.
   Me _____ compré en mi barrio.
3. Leí las revistas que compraste.
   _____ leí ayer por la tarde.
4. Enviaron las cartas a sus familiares.
   _____ enviaron por correo urgente.
5. Todos los días llevo corbata.
   _____ llevo para trabajar.
6. Me compré unos pantalones cortos.
   _____ compré para ir al campo.

2. Elige el adjetivo correcto de cada pareja.

> claro/a – oscuro/a // moderno/a – antiguo/a
> largo/a – corto/a // caro/a – barato/a
> ancho/a – estrecho/a // grande – pequeño/a
> limpio/a – sucio/a

1. Ese niño no sabe andar. Es muy *pequeño*.
2. No me lo puedo comprar. Es muy _____ .
3. Esa camisa azul es casi negra. Es muy _____ .
4. No tengo tiempo de limpiar. La casa está muy
   _____ .
5. La película duró demasiado. Fue muy _____ .
6. Mi coche no cabe en ese aparcamiento. Es muy
   _____ .

3. Elige la opción correcta.

Andrés es *más* alto que su hermano.
  a) que   b) más   c) tan

1. Mi coche nuevo es _____ que el antiguo.
   a) tan   b) como   c) mejor
2. Las habitaciones de Elena y Rosa son iguales. La habitación de Elena es _____ grande como la de Rosa.
   a) tan   b) que   c) más
3. La silla es _____ cómoda que el sillón.
   a) tan   b) menos   c) menor
4. Elisa es más simpática _____ su compañera.
   a) como   b) peor   c) que
5. La mesa de madera no es tan antigua _____ la de hierro.
   a) como   b) que   c) menos
6. Luis tiene tres años menos que Nacho. Nacho es _____ que Luis. Luis es _____ que Nacho.
   a) mayor   b) menor   c) como
7. Las notas de Carlos son muy malas. Son _____ que las de su hermana.
   a) mejor   b) peor   c) peores
8. La película del sábado es muy aburrida. Es _____ que la de la semana pasada.
   a) mejores   b) peor   c) peores
9. Juan tiene mucho tiempo libre. Está _____ ocupado que yo.
   a) tan   b) menos   c) como
10. Esta tienda es muy barata. Tiene _____ precios que las otras.
   a) buenos   b) mejor   c) mejores

4. Completa las tablas con el pretérito imperfecto de los verbos.

	DIBUJAR	COMER	DECIR
Yo	dibujaba	_____	_____
Tú	_____	comías	_____
Él	_____	_____	decía
Nosotros	_____	_____	_____
Vosotros	_____	_____	_____
Ellos	_____	_____	_____

	IR	SER
Yo	_____	_____
Tú	_____	_____
Él	_____	_____
Nosotros	_____	éramos
Vosotros	ibais	_____
Ellos	_____	_____

5. Completa las siguientes frases con el pretérito imperfecto de los verbos del recuadro.

> beber – conducir – ir (x 2) – venir – estar
> jugar – ser – tener – montar – salir – vivir

1. Luis y Antonio antes *vivían* en Alemania.
2. Cuando Juan _____ pequeño _____ al colegio conmigo.
3. Nosotros antes _____ mucho café.
4. Cuando no _____ hijos, Elena y Emilio _____ mucho con sus amigos.
5. De pequeños mi hermano y yo _____ a la playa con nuestros padres.
6. Cuando mi abuelo _____ a mi casa, _____ conmigo al dominó.
7. Cuando nosotros_____ en el pueblo, _____ en bicicleta.
8. Yo _____ muy deprisa hasta que me paró la policía.

6. Ordena las preguntas y contéstalas mirando los planes de Juanjo para el próximo curso.

> **MIS PLANES PARA EL PRÓXIMO CURSO**
>
> • Conocer Argentina y Uruguay.
> • Ir al gimnasio martes y jueves.
> • Comprar un coche nuevo.
> • Vacaciones con Nieves y Lucía.
> • Fiesta de cumpleaños (28 de febrero).
> • Tenis con Miguel en la Casa de Campo.
> • Pasar la Semana Santa en Londres.

1. ¿va / Juanjo / a / qué / conocer / países?
   ¿Qué países va a conocer Juanjo?
   Juanjo va a conocer Argentina y Uruguay.

2. ¿a / amigos / al / Juanjo / y / gimnasio / cuándo / ir / van / sus?
   _____
   _____

3. ¿comprar / va / se / qué / a?
   _____
   _____

4. ¿va / pasar / quién / vacaciones / con / a / las?
   _____
   _____

5. ¿organizar / qué / va / fiesta / a / una / día?
   _____
   _____

6. ¿tenis / a / dónde / jugar / al / van / Juanjo y Miguel?
   _____
   _____

7. ¿Semana / va / a / la / Santa / pasar / dónde?
   _____
   _____

A. ¿Quieres ser millonario?

1. Haz las preguntas correspondientes para conseguir la información subrayada.

1. *¿Qué está comprando Pedro?*
   Pedro está comprando una bicicleta nueva.

2. _____
   Fui al Museo de Ciencias.

3. _____
   Ángel arregló el reloj.

4. _____
   Hicieron pescado para cenar.

5. _____
   Nos vamos de vacaciones a Nueva York.

6. _____
   Rosa y Pablo fueron al zoo.

7. _____
   Susana sabe tocar el piano.

8. _____
   Lorena viene la semana próxima.

9. _____
   El helado está en el congelador.

10. _____
   El partido es a las once de la mañana.

11. _____
   Me gusta la música clásica

12. _____
   Normalmente ceno a las diez de la noche.

13. _____
   Vinieron a verme mis amigos de Jaén.

2. Completa las preguntas con *cuántos, cuántas, cuánto, cuánta*.

1. *¿Cuántos* alumnos hay en tu clase?
2. ¿_____ agua bebes al día?
3. ¿_____ películas viste el mes pasado?
4. ¿_____ cuesta un televisor de plasma?
5. ¿_____ plátanos hay en la nevera?
6. ¿_____ personas había en el estadio?
7. ¿_____ partidos de baloncesto ganó España en las Olimpiadas?
8. ¿_____ fruta comes al día?
9. ¿_____ kilómetros andas a la semana?
10. ¿_____ correos electrónicos envías cada semana?
11. ¿_____ tiempo dura un partido de tenis?

3. Subraya la forma adecuada.

1. *¿Qué / Cuál* chaqueta te gusta más: la verde o la azul?
2. *¿Cuál / Qué* deporte te gusta más: el fútbol o el baloncesto?
3. *¿Qué / Cuál* ciudad prefieres: Córdoba o Sevilla?
4. *¿Qué / Cuál* quieres para cenar: pescado o carne?
5. *¿Qué / Cuál* libro tienes que leer?
6. *¿Qué / Cuál* prefieres: éste o aquél?
7. *¿Qué / Cuál* es el número de teléfono de Ricardo?
8. *¿Qué / Cuál* quieres para tu cumpleaños: un libro o un CD?

4. Elige la palabra correcta.

1. *¿Cuántas* naranjas compraste?
   a. Qué   b. Cuántas   c. Cuál
2. ¿_____ tipo de música prefieres?
   a. Cómo   b. Cuál   c. Qué
3. ¿_____ vive tu prima?
   a. Dónde   b. Cuándo   c. Cuál
4. ¿_____ llegaste a Chile?
   a. Qué   b. Dónde   c. Cuándo
5. ¿_____ periódico lees habitualmente?
   a. Cómo   b. Qué   c. Cuál
6. ¿_____ te gusta más: éste o aquél?
   a. Cuál   b. Qué   c. Cómo

1. Haz frases en pretérito indefinido, como en el ejemplo.

Montserrat Caballé / nacer / en Cataluña.
Montserrat Caballé nació en Cataluña.

1. Di Stéfano / jugar / en el Real Madrid muchos años.
   _____.

2. Cervantes / es / autor de *El Quijote*.
   _____.

3. Los Reyes de España / casarse / en Grecia.
   _____.

4. Antonio Banderas y Melanie Griffith / conocerse / en el rodaje de una película.
   _____.

5. García Márquez / recibir / el Premio Nobel de Literatura en 1982.
   _____.

2. Lee los siguientes titulares y escribe las noticias en pretérito indefinido, como en el ejemplo.

> **Abril – 1939**
> **TERMINA LA GUERRA CIVIL ESPAÑOLA**
>
> **Enero – 1963**
> **LOS BEATLES CONSIGUEN SU PRIMER ÉXITO**
>
> **Julio – 1969**
> **EL HOMBRE LLEGA A LA LUNA**
>
> **Mayo – 1904**
> **DALÍ NACE EN CATALUÑA**
>
> **Julio – 1789**
> **COMIENZA LA REVOLUCIÓN FRANCESA**

1. *La Guerra Civil española terminó en abril de 1939.*
2. _____
3. _____
4. _____
5. _____

3. Completa el texto con el pretérito indefinido de los verbos.

Miguel de Cervantes

Miguel de Cervantes Saavedra (1) *nació* (nacer) en Alcalá de Henares en 1547. En 1569 (2)_____ (irse) a Roma y allí (3)_____ (hacerse) soldado. En una batalla importante (4)_____ (perder) el brazo izquierdo. (5)_____ (estar) en una cárcel de Argel durante cinco años y en 1580 finalmente (6)_____ (volver) a España. (7)_____ (casarse) con Catalina de Salazar. (8)_____ (tener) problemas en su trabajo de recaudador de impuestos y (9)_____ (ir) a la cárcel otra vez. Allí (10)_____ (escribir) su obra más importante: *Don Quijote de la Mancha*. (11)_____ (morir) en 1616.

4. Completa el texto con el pretérito indefinido de los verbos del recuadro.

> empezar (x 2) – crear – descubrir
> estudiar – gustar – ~~querer~~ – tener
> conseguir – dedicarse

Juan López siempre (1) *quiso* ser famoso. Él (2)_____ a jugar al fútbol cuando tenía seis años. Pero los buscadores de talentos no le (3)_____ .

Años más tarde, Juan lo intentó en el mundo de la música y (4)_____ violín durante varios años. Pero a los expertos no les (5)_____ su música. Después (6)_____ en el mundo del teatro, pero no (7)_____ ningún éxito. Ante esta situación, Juan (8)_____ a los negocios. Él y su hermano (9)_____ una nueva empresa de ordenadores, donde por fin (10)_____ el éxito deseado.

ESCUCHAR

1. Escucha y completa los textos con los números del recuadro. **11** 🔘

> 15 – ~~1889~~ – 2000 – 16 – 5 – 1933 – 1980
> 21 – 1964 – 1995 – 1991 – 1945

GABRIELA MISTRAL, ganadora del Premio Nobel de Literatura.
Nació en Chile en (1) *1889*. Dedicó más de (2)____ años de su vida a la enseñanza. Desde (3)____ representó a su país como cónsul en Madrid, Lisboa y Los Ángeles. Su poesía ha sido traducida a muchos idiomas. En (4)____ recibió el Premio Nobel de Literatura.

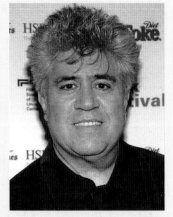

PEDRO ALMODÓVAR, ganador de un Oscar.
Desde que Pedro Almodóvar dirigió su primera película en (5) ____ , se convirtió en uno de los directores más importantes del cine español. Dirigió más de (6)____ películas, hasta que en el año (7)____ consiguió el Oscar de Hollywood por su obra *Todo sobre mi madre*.

11

MIGUEL INDURÁIN, ganador del Tour de Francia.

Miguel Induráin, el famoso ciclista español, nació en Navarra en (8)_____ . Comenzó su carrera de triunfos con su victoria en la Vuelta a España con sólo (9)_____ años. Más tarde consiguió (10)_____ Tours de Francia consecutivos entre (11)_____ y (12)_____ .

2. Lee los textos otra vez y contesta las preguntas.

1. ¿En qué ciudades trabajó como cónsul Gabriela Mistral?

   _____

2. ¿Cuándo ganó el Premio Nobel de Literatura?

   _____

3. ¿Con qué película ganó Almodóvar el Oscar?

   _____

4. ¿De dónde es Induráin?

   _____

5. ¿Cuántos años tenía cuando ganó la Vuelta a España?

   _____

3. Completa las siguientes frases con las preposiciones del recuadro.

> por – desde (x 2) – de – hasta – en (x 3)

1. *En* 1995 recibió el Premio Cervantes.
2. El 15 ___ marzo cumplió 47 años.
3. Ayer _____ la tarde recibieron la llamada.
4. ___ verano vamos a ir a la playa.
5. _____ el año pasado no hemos vuelto al pueblo.
6. _____ 1980 _____ el año 2000 Joaquín vivió en Estados Unidos.
7. ___ marzo llovió mucho.

4. Escribe una relación de las cosas que hiciste ayer.

1. *Ayer leí el periódico.*
2. _____
3. _____
4. _____
5. _____
6. _____
7. _____
8. _____
9. _____
10. _____

5. Contesta las siguientes preguntas escribiendo los números completos. Busca la información en los distintos textos de la unidad.

1. ¿En qué año nació Cervantes?
   En mil quinientos cuarenta y siete.
2. ¿En qué año llegó el hombre a la Luna?

   _____

3. ¿En qué año ganó Almodóvar el Oscar de Hollywood?

   _____

4. ¿En qué año comenzó la Revolución Francesa?

   _____

5. ¿En qué año consiguió Induráin su último Tour de Francia?

   _____

11

A. Unas vacaciones inolvidables

1. Escribe la primera y la tercera persona del pretérito indefinido de los siguientes verbos. ¿Es regular o irregular?

salir – terminar – ser – tener – leer – hacer
escribir – levantarse – acostarse – dormir
ir – comprar – comer – ver – poder – venir

REGULARES	IRREGULARES
salí - salió	fui – fue

2. Completa el diálogo con los verbos en pretérito indefinido.

CELIA: Hola, Ana, ¿qué tal el domingo?

ANA: Bien. (1) *Me levanté* (levantarse, yo) temprano para correr un poco por el parque. (2)_____ (volver) a casa a las diez, (3)_____ (ducharse) y (4)_____ (desayunar) con Chema.
Luego (5)_____ (salir) los dos a dar una vuelta por el Rastro. (6)_____ (comprar, yo) una mesita antigua preciosa y muy barata. (7)_____ (encontrarse) con el hermano de Chema y su mujer y (8)_____ (ir) todos a tomar unas tapas. A las dos (9)_____ (comer, nosotros) en casa y por la tarde no (10)_____ (salir). Bueno, Chema (11)_____ (ir) a jugar al ajedrez con Eduardo y yo (12)_____ (estar) hablando por teléfono con mi madre y mis hermanas casi una hora.

3. Escribe 10 frases sobre lo que hiciste el sábado pasado.

El sábado pasado fui de compras con Carlos.

_____
_____
_____
_____
_____
_____
_____
_____
_____

4. Completa el texto con los verbos del recuadro en pretérito indefinido.

1. A. Laura, ¿Adónde (ir) _____ de vacaciones el verano pasado?
   B. (ir) _____ a la playa de Salou, con mi amiga Susana.
2. Eduardo, ¿dónde (poner) _____ mis gafas de sol ayer?
3. Yo no sé qué (hacer) _____ los pintores la semana pasada. Todavía no está la casa preparada.
4. A. ¿Qué (hacer, tú) _____ anoche?
   B. Nada especial. (ver) _____ una película en la tele y (acostarse) _____ .
5. A. ¿Qué (comprar, tú) _____ el domingo en el Rastro?
   B. (comprar) _____ un mesa y unas sillas antiguas.
6. A. ¿Quién (venir) _____ a casa ayer por la tarde?
   B. Roberto, el periodista.
7. A. Óscar, ¿a qué hora (volver, tú) _____ a casa el sábado por la noche?
   B. No muy tarde, mamá, a las doce de la noche.
8. El mes pasado Gloria y Rafa (estar) _____ en Lisboa y dicen que (llover) _____ un poco, pero que lo (pasar) _____ muy bien.
9. El verano pasado, mi familia y yo (ir) _____ de vacaciones a Canarias, (bañarse) _____ todos los días en la playa y también (hacer) _____ una excursión en camello. (ser) _____ muy divertido.

5. Maribel está de vacaciones en Barcelona con unos amigos. Completa la postal con las palabras del recuadro.

> es – fuimos – luego – muy bien
> Después – y – abrazo – son – estuvimos
> ~~Queridos~~ – Fue

(1) Queridos padres:

¿Qué tal estáis? Yo estoy (2)_____. Esta ciudad es preciosa, y cada día podemos hacer algo diferente. Ayer por la mañana (3)_____ primero a ver la Sagrada Familia y (4)_____ al Parque Güell. Es impresionante. (5)_____ de comer, nos bañamos en la playa de la Barceloneta (6)_____ ya por la noche (7)_____ paseando por las Ramblas. (8)_____ un día muy completo. Aquí la gente (9)_____ amable y las tapas (10)_____ muy buenas, pero ¡qué caro está todo!
Un (11)_____ muy fuerte y hasta el sábado.

Maribel

6. En cada frase hay un error. Búscalo y corrígelo.

1. El sábado pasado Manolo *fui* al cine.   *(fue)*
2. ¿Apeteces una cerveza?
3. A. ¿Qué tal el fin de semana?
   B. Muy bien, fui en la discoteca.
4. Anoche yo veo la tele hasta las doce de la noche.
5. A los jóvenes españoles le encantan salir por la noche.
6. El domingo Fernando se levanto a las once de la mañana.
7. A. ¿Vienes al cine?
   B. Vale, ¿dónde nos quedamos?
   C. En la puerta del cine.
8. ¿Qué hora volviste ayer a casa?

B. ¿Cómo te ha ido hoy?

1. Completa con las formas correctas del pretérito perfecto.

VIAJAR	CONOCER
Yo *he viajado*	Yo _____
Tú _____	Tú *has conocido*
_____	_____
_____	_____
_____	_____
_____	_____

VIVIR	DIVERTIRSE
Yo _____	Yo *me he divertido*
Tú _____	Tú _____
Él / ella *ha vivido*	_____
_____	_____
_____	_____
_____	_____

VOLVER	VER
Yo _____	Yo _____
Tú _____	Tú _____
_____	_____
Nosotros *hemos vuelto*	Nosotros *hemos visto*
_____	_____

2. Escribe frases en pretérito perfecto, como en el ejemplo.

1. Ramón / conocer / a una chica.
   Ramón ha conocido a una chica.
2. Nosotros / vivir / en Mallorca un año.
   _____
3. ¿(Tú) / ver / la última de Almodóvar?
   _____
4. Nunca / (yo) / estar / en Argentina.
   _____
5. Mi hermano / pasar / por mi casa esta mañana.
   _____

6. Elena / ya / irse / a la cama.

_____

7. ¿(Vosotros) / tener / problemas con el pasaporte?

_____

8. Mis vecinos / llamar / a la policía, porque / ver / a un ladrón en la escalera.

_____

9. Esta mañana / (yo) / no afeitarse.

_____

10. La Sra. Pérez / estar / dos veces en el hospital.

_____

11. Juan / no hacer / la cama hoy.

_____

3. Forma frases con un elemento de cada columna, como en el ejemplo.

Esta mañana
Esta tarde
Hoy
Este mediodía
Este verano
Esta noche

comer
viajar
desayunar
salir (nosotros)
ir
ver
estar

café y tostadas
de casa
una película muy buena
en taxi a la oficina
por Centroamérica
con mi familia
en el parque

1. *Este verano he viajado por Centroamérica.*

2. _____

3. _____

4. _____

5. _____

6. _____

7. _____

4. Escribe los verbos entre paréntesis en la forma adecuada del presente o pretérito perfecto.

1. Normalmente, Paloma *llega* (llegar) temprano a la escuela, pero hoy *ha llegado* (llegar) tarde.

2. A. ¿Qué tal el día?
   B. Estoy cansado, _____ (trabajar, yo) mucho.

3. A. ¿A qué hora _____ (salir, tú) de casa normalmente?
   B. Normalmente _____ (salir, yo) a las ocho, pero hoy _____ (salir, yo) a las nueve.

4. Todos los días _____ (comer, nosotros) en casa, pero hoy _____ (ir, nos.) a un restaurante.

5. Los domingos no _____ (ver, nos.) la tele, pero hoy _____ (ver, nos.) una película muy buena.

6. Esta semana _____ (hacer, yo) la comida. Normalmente la _____ (hacer, ella) mi madre.

7. A. Antonio, ¿ _____ (poner, tú) la mesa?
   B. Sí, ya la _____ (poner, yo), mamá, ya podemos comer.

5. Elige el tiempo apropiado (pretérito perfecto o pretérito indefinido).

conocer (x 2) – enamorarse – encontrar
hablar – tener – ver – decidir – ~~llegar~~

Mi familia (1) **llegó** / *ha llegado* a España de la India en los años 70. Mi padre es muy tradicional y cree en los matrimonios concertados. Por eso, me (2) *ha encontrado / encontró* un marido cuando yo (3) *tenía / he tenido* nueve años. Se llama Rabí.

Ahora tengo 16 años y este año (4) *vi / he visto* a Rabí por primera vez. En los últimos meses nos (5) *vimos / hemos visto* dos veces.

Es una situación muy difícil porque yo ya tengo novio. Nos (6) *hemos conocido / conocimos* en mi última fiesta de cumpleaños y nos (7) *enamoramos / hemos enamorado*. Esta mañana (8) *hablé / he hablado* con mi madre y las dos (9) *hemos decidido / decidimos* decírselo a mi padre esta noche.

6. Lee el texto de *Leo Verdura* y contesta las preguntas.

1. ¿De dónde ha regresado Raad?
   _____

2. ¿A quién ha conocido?
   _____

3. ¿Dónde la ha conocido?
   _____

4. ¿En qué trabaja?
   _____

5. ¿Cuántos años tiene?
   _____

6. ¿Cuál es la conclusión?
   _____

12

C. ¿Qué te chocó más al llegar a España?

1. Mira el cartel anunciador y haz frases con *no se puede* y *hay que*, como en el ejemplo.

PISCINA SOL Y AGUA
(normas de funcionamiento)

No jugar a la pelota

No correr por las instalaciones

No empujarse en el bordillo

Usar gorro de baño

Ducharse antes de entrar al agua

Usar gafas de baño

1. *No se puede jugar a la pelota.*

2. _____

3. _____

4. _____

5. _____

6. _____

2. ¿Qué hay que hacer y qué no hay que hacer el día antes de un examen?

1. *No hay que* acostarse tarde.

2. _____ repasar.

3. _____ salir por la noche.

4. _____ dormir ocho horas.

5. _____ ver la televisión hasta muy tarde.

6. _____ ponerse nervioso.

Practica más 6

Unidades 11 y 12

1. Relaciona.

1. igual	a. horrible
2. amable	b. débil
3. preciosa	c. incompleto
4. fuerte	d. diferente
5. dulce	e. sucio
6. completo	f. antipático
7. caro	g. barato
8. limpio	h. salado

2. Lee esta información sobre Lucía y escribe frases similares sobre ti mismo.

1. A Lucía le gusta el baloncesto, pero no le gusta el fútbol.
   A mí me gustan todos los deportes.

2. Lucía duerme todos los días 9 horas, desde las once de la noche hasta las ocho de la mañana.
   _____

3. Lucía trabaja de dependienta en una perfumería y le encanta su trabajo.
   _____

4. Vive con otras dos compañeras en un piso alquilado.
   _____

5. Después de salir del trabajo va a un gimnasio.
   _____

6. Los fines de semana sale con sus amigos y se acuesta muy tarde. Los domingos va a comer con sus padres.
   _____
   _____

7. Le gusta bailar en la discoteca, ver la tele, comprarse ropa moderna. No le gusta nada leer.
   _____
   _____

3. Completa con las preposiciones adecuadas: *de / a / desde / hasta / con / en / por*.

Quique trabaja (1) *en* la cafetería (2)_____ la escuela. (3)_____ lunes (4)_____ viernes. Abre (5)_____ las ocho (6)_____ la mañana y cierra (7)_____ las ocho de la tarde. Descansa dos horas, (8)_____ las tres (9)_____ las cinco. (10)_____ la mañana sirve muchos desayunos: café (11)_____ leche y churros, y hace un zumo (12)_____ naranja buenísimo. (13)_____ mediodía sirve bocadillos y platos combinados y (14)_____ la tarde sirve otra vez café (15)_____ leche y bollos (16)_____ los profesores y estudiantes. La gente le cuenta sus problemas y él escucha (17)_____ todo el mundo.

4. Forma frases.

1. A Ángel / encantar / el chocolate.
   A Ángel le encanta el chocolate.

2. Susana y Jorge / casarse / el domingo.
   _____

3. ¿Cómo / quedar / estos pantalones / a mí?
   _____

4. Yo / no encontrarse / bien / hoy.
   _____

5. ¿Qué / pasar / a tu mujer?
   _____

6. ¿Tú / ponerse / faldas cortas?
   _____

7. Mis hijos / bañarse / en el río.

_____

8. ¿Qué / parecer / a vosotros / el plan?

_____

5. Completa la biografía de Salvador Dalí con los verbos del recuadro. Utiliza el pretérito indefinido.

> ~~nacer~~ – celebrar – estudiar – conocer (x 2)
> empezar – recibir – vivir – pintar – crear
> morir – volver

SALVADOR DALÍ

El pintor (1) **nació** en Figueras (Girona), el 11 de mayo de 1904. (2)_____ Bellas Artes en Madrid, donde (3)_____ a García Lorca y Buñuel. (4)_____ sus primeros cuadros surrealistas en 1927 y en 1929 (5)_____ su primera exposición en París. En los años treinta su estilo (6)_____ el nombre de *paranoico-crítico* porque pretendía explorar el carácter ambiguo de la realidad. En 1929 (7)_____ a Gala, su gran amor y (8)_____ a vivir con ella en Cadaqués, en la Costa Brava.

Desde 1939 hasta 1945 (9)_____ fuera de España y fue su etapa surrealista más creativa. A partir de 1945 (10)_____ a Cadaqués, pero su obra era conocida en casi todo el mundo. En 1974 (11)_____ un museo en Figueras donde se hace un recorrido por toda su obra. Sus pinturas más conocidas son: *La cesta de pan, El Cristo de San Juan de la Cruz, Muchacha asomada a la ventana.* (12)_____ en Cadaqués en 1989.

6. Completa la conversación con el pretérito perfecto de los verbos.

A. Belinda, *¿has trabajado* (trabajar) alguna vez como guía turística?

B. No, pero _____ (trabajar) en una agencia de viajes.

A. ¿_____ (estar) en España?

B. Sí, _____ (estar) en Andalucía y en Baleares, pero no _____ (viajar) por el resto del país.

A. ¿_____ (conocer) a muchos españoles en tus viajes?

B. No, no muchos. Sobre todo _____ (conocer) a muchos turistas.

7. Escribe frases sobre Belinda con la información de la actividad anterior.

1. Guía turística.
   No ha trabajado como guía turística.
2. En una agencia de viajes.

   _____

3. España.

   _____

4. Todo el país.

   _____

5. Conocer a muchos españoles.

   _____

8. Escribe la tilde en las palabras que la necesitan.

1. Ayer Carmen no *cenó*.
2. Eduardo volvio de Peru el sabado.
3. ¿Cuanto te costo el frigorifico nuevo?
4. Celia dejo Cuba y se instalo en EE UU.
5. El avion de Rosa llego con retraso.
6. Carlos Gardel tuvo mucho exito entre las mujeres.
7. ¿Cuando murio Carlos Gardel?
8. Ayer no compre bastantes limones.
9. ¿Donde nacio Salvador Dali?
10. ¿Cual fue la ultima obra de Dali?

11/12

A. Un lugar para vivir

1. Ordena las frases.

1. comprar / gustaría / Nos / un / en / playa / la / piso
   Nos gustaría comprar un piso en la playa.

2. trabajo /cambiar / Lola / gustaría/ de / A / le
   _____

3. marido / en / orquesta / gustaría / le / A / mi / trabajar / una
   _____

4. ¿gustaría / a / ver / película / ir / Te / una ?
   _____

5. ¿le / A /Vd. / coche / de / gustaría / cambiar?
   _____

6. ganar / gustaría / Me / dinero / más
   _____

7. ¿de / ir / Os / vacaciones / a / gustaría / Mallorca?
   _____

ESCUCHAR

2. Roberto es estudiante y está buscando piso. Escucha y completa la conversación. **12** 🔘

A. Buenos días, ¿en qué puedo ayudarte?

B. _____ , estoy buscando un piso o un apartamento de alquiler para _____ .

A. ¿Lo quieres muy céntrico o en un barrio?

B. Mejor _____ , es que me gusta salir _____ y no me gustan los autobuses.

A. Sí... bueno, aquí tenemos un apartamento de _____ , muy cerca de la plaza Mayor, reformado.

B. ¿ _____ ese?

A. Son _____€ al mes.

B. ¡Qué barbaridad! ¿No tienen otros _____?

A. Sí, claro, pero no están en el centro, _____ o el metro para llegar al centro. Aquí hay uno a _____ € al mes.

B. Ese está bien. ¿Dónde está?

A. En Getafe, a _____ km de Madrid. Pero está muy bien _____ .

B. ¿En Getafe? Bueno, creo que lo pensaré y volveré _____ .

3. Escribe el nombre correspondiente.

1. El lugar donde se guarda el coche.
   Garaje.

2. La habitación donde se hace la comida.
   _____

3. ¿Dónde duermes?
   _____

4. El lugar donde hay un sofá, un sillón y donde puedes ver la tele.
   _____

5. Donde hay una mesa y varias sillas para comer, normalmente.
   _____

6. ¿Dónde te duchas?
   _____

4. Sopa de letras. Encuentra 9 nombres de cosas de casa.

M	R	P	B	C	U	H	O	Y
Q	E	R	X	A	V	O	N	L
A	L	F	O	M	B	R	A	D
R	A	N	F	A	S	N	T	U
M	V	S	I	L	L	O	N	C
A	A	Q	P	Y	R	E	N	H
R	B	X	N	E	V	E	R	A
I	O	M	E	T	R	U	P	Ñ
O	N	S	I	L	L	A	U	C

B. ¿Qué pasará dentro de 20 años?

ESCUCHAR

1. Es Nochevieja y Adrián está decidido a cambiar su vida en Año Nuevo. Escucha y señala V o F.

 13

1. Sólo saldrá los fines de semana.	V
2. No irá a clase todos los días.	☐
3. Los fines de semana no se levantará temprano.	☐
4. No comerá bocadillos ni tonterías.	☐
5. Discutirá más con sus padres.	☐
6. Copiará en los exámenes para aprobar.	☐
7. Ayudará en las tareas de la casa.	☐
8. Verá más la tele.	☐
9. Ya hizo la misma lista el año pasado.	☐

2. Completa las frases con el futuro de los verbos entre paréntesis.

HOTEL SOL Y PLAYA
El más moderno de la costa

☆ **3 piscinas climatizadas**
☆ **campo de golf**
☆ **aire acondicionado**
☆ **cerca del aeropuerto**

Inauguración
el próximo mes de junio

1. Este hotel (ser) *será* el más grande de la costa mediterránea.
2. El hotel se (abrir) _____ en el mes de junio.
3. (haber) _____ tres piscinas climatizadas.
4. Los clientes (poder) _____ jugar al golf.
5. Las habitaciones (tener) _____ aire acondicionado.
6. El hotel (estar) _____ cerca del aeropuerto.

3. Completa los siguientes titulares del periódico con los verbos del recuadro en futuro.

> repartir – pasar – viajar – llover – venir
> votar – firmar – poder – ~~hablar~~

1. El presidente del Gobierno hablará mañana por televisión.

2. Los sindicatos _____ un nuevo acuerdo con las empresas.

3. La Cruz Roja _____ ayuda entre los heridos.

4. El año próximo cinco astronautas _____ de nuevo a la Luna.

5. Los extranjeros sin trabajo no _____ entrar en el país.

6. En los próximos días _____ en el norte del país.

7. El 75% de los europeos _____ en las próximas elecciones.

8. Maradona _____ a la historia del fútbol como el n.º 1 de todos los tiempos.

9. El próximo verano _____ más de un millón de turistas a las costas españolas.

4. Relaciona las acciones (1-6) con sus resultados (a-f). Después haz frases como en el ejemplo.

1. (nosotros) / fumar en el autobús   `C`
2. el jefe / subir el sueldo a Alberto   ☐
3. el despertador / no sonar   ☐
4. mi hija / ir a la universidad   ☐
5. hacer buen tiempo   ☐
6. (vosotros) / ir a Granada   ☐

a. (yo) / levantarse tarde
b. (vosotros) / ver la Alhambra
c. los viajeros / protestar
d. (ella) / estudiar Informática
e. (él) / comprarse un coche nuevo
f. (nosotros) / ir a dar un paseo

1. *Si fumamos en el autobús, los viajeros protestarán.*
2. _____
3. _____
4. _____
5. _____
6. _____

5. Pon el verbo en presente o en imperativo.

1. Si quieres entrar en el concierto, (no olvidarse) *no te olvides* de la entrada.
2. Si no llego puntual, Joana (enfadarse) _____ .
3. Si venís con nosotros, (darse) _____ prisa.
4. Si conduzco por la noche, (cansarse) _____ mucho.
5. Si tienes frío, (cerrar) _____ la ventana.
6. Si vais al teatro, (llamar) _____ a Luis por teléfono.
7. Si me llama por teléfono, (ir) _____ juntos al cine.
8. Si no llevas el paraguas, te (mojar) _____ .

6. Lee el texto sobre el horóscopo y contesta las preguntas.

HORÓSCOPO

VIRGO: Usted tendrá muchos problemas próximamente. Si no encuentra solución, pida ayuda.

ARIES: Si sus intenciones son buenas, el destino le premiará. Pero si sólo busca su propio interés, se le cerrarán todas las puertas.

TAURO: Sus relaciones familiares atraviesan un momento complicado. No tenga miedo al futuro. Se encontrará mejor si practica algún deporte.

GÉMINIS: Esta semana no será buena para los negocios. Si se esfuerza en el trabajo sus jefes le felicitarán.

CÁNCER: Tendrá deseos de adquirir conocimientos. El dinero le traerá problemas.

LEO: Buen momento con su pareja. Si no tiene, la encontrará esta semana.

13

1. ¿Qué hará Virgo si no encuentra solución a sus problemas?

_____

2. ¿Qué les sucederá a los Aries con buenas intenciones?

_____

3. ¿Qué deberá hacer Tauro para sentirse mejor?

_____

4. ¿Qué tipo de problemas tendrán Géminis y Cáncer?

_____

5. ¿Qué encontrarán los Leos solitarios esta semana?

_____

C. ¿Quién te lo ha regalado?

1. Completa el siguiente cuadro de pronombres.

Sujeto	Obj. directo	Obj. indirecto
Yo		
	Te	
		Le / Se
Nosotros/as		
	Os	
	Los / Las	

2. Contesta como en el ejemplo.

1. A. ¿Le has dado el libro a la profesora?
   B. *No, se lo daré mañana.*

2. A. Le has contado a tu madre lo que ha pasado?
   B. No, _____ contaré mañana.

3. A. ¿Le has llevado la merienda a Rosalía?
   B. No, _____ más tarde.

4. A. ¿Le has devuelto el coche a Óscar?
   B. No, _____ el sábado.

5. A.¿Le has explicado a Julia lo que tiene que hacer?
   B. No, _____ esta noche.

6. A. ¿Te han dado las notas?
   B. No, _____ el lunes.

7. A. ¿Te ha dado la receta el médico?
   B. No, _____ mañana.

8. A ¿Les has comprado un helado a los niños?
   B. No, _____ después de comer.

9. A. ¿Os han dado ya los papeles de residencia?
   B. No, _____ el mes que viene.

10. A.¿Os han traído ya las bebidas?
   B. No, _____ ahora mismo.

3. Completa las frases con el pronombre correcto.

1. Mi mujer trabaja cerca de mi oficina. Yo siempre *la* llevo en coche.

2. Ese libro me interesa. ¿Me ___ prestas?

3. Vamos a tomar algo, ___ invito.

4. ¿___ sabes conducir?

5. ¡No hagáis ruido! ___ lo pido por favor.

6. ¡Qué pendientes tan bonitos! ¿Quién ___ ___ ha regalado?

7. He perdido mis gafas, ¿___ has visto?

8. Iban demasiado deprisa y la policía ___ puso una multa.

9. ___ juego al golf mejor que tú.

10. ¿___ has pedido el dinero a tu padre?, ___ necesitamos ya.

4. Sustituye los nombres por los pronombres correspondientes.

1. Dame el <u>libro</u>. *Dámelo*.

2. Estudia los <u>verbos</u>. _____ .

3. Regálale ese <u>anillo</u> a <u>Rosa</u>. _____ .

4. Tráeme las <u>llaves</u>. _____ .

5. Compra un <u>paquete de folios</u> para <u>Pedro</u>.
   _____ .

6. Manda un <u>fax</u> al <u>director</u>. _____ .

7. Dale las <u>llaves</u> al <u>portero</u>. _____ .

13

A. No había tantos coches

1. Completa.

CANTAR		TENER	
Yo	*cantaba*	Yo	_____
Tú	_____	Tú	*tenías*
Él/ella	_____	Él/ella	_____
Nosotros	_____	Nosotros	_____
Vosotros	_____	Vosotros	_____
Ellos/as	_____	Ellos/as	_____

DORMIR		SER	
Yo	_____	Yo	_____
Tú	_____	Tú	_____
Él/ella	_____	Él/ella	_____
Nosotros	*dormíamos*	Nosotros	_____
Vosotros	_____	Vosotros	*erais*
Ellos/as	_____	Ellos/as	_____

2. ¿Qué hacías tú cuando eras más joven? Escribe frases afirmativas o negativas.

1. Hacer natación.
   Yo hacía natación. / Yo no hacía natación.
2. Salir de noche.
   _____
3. Tener moto.
   _____
4. Leer cómics.
   _____
5. Ir a conciertos de rock.
   _____

6. Estudiar en la universidad.
   _____
7. Trabajar en verano.
   _____
8. Viajar al extranjero.
   _____
9. Comer hamburguesas.
   _____

3. Escribe la forma correcta del pretérito imperfecto.

1. En el siglo XIX la gente *viajaba* (viajar) muy poco.
2. Cuando yo era pequeño, los niños _____ (jugar) en la calle.
3. Todos los veranos, mi familia y yo _____ (ir) a casa de mis abuelos.
4. Antes los agricultores _____ (trabajar) de sol a sol.
5. Cuando nosotros _____ (vivir) en la costa, a mí me _____ (gustar) mirar al mar.
6. A principios del siglo XX, en las casas de los pueblos no _____ (haber) agua corriente.
7. Cuando le conocí, Antonio _____ (estudiar) medicina.
8. Hacía diez años que yo _____ (ver) un eclipse de sol.

4. Completa las frases con la forma adecuada (pretérito imperfecto o indefinido) de los verbos entre paréntesis.

1. Cuando *tenía* (tener) dieciséis años, *fui* (ir) de vacaciones a Mallorca.
2. La primera vez que yo _____ (comer) paella no me _____ (gustar) porque _____ (tener) guisantes.
3. Cuando mi hermana y yo _____ (vivir) en Londres, _____ (conocer) a nuestro amigo Peter.
4. Juan ____ (ir) ayer de compras, pero no _____ (encontrar) lo que estaba buscando.
5. Cuando _____ (estar, yo) en Praga, el hotel _____ (estar) muy lejos del centro.

6. Ayer me _____ (llamar, ellos), pero yo no _____ (estar) en casa.

7. La semana pasada _____ (ir) tres veces al cine.

8. Ayer, cuando _____ (ir, nos.) a recoger a Laura del colegio, _____ (encontrarse, yo) con Vicenta.

9. Anoche Luis _____ (estar) muy cansado y _____ (acostarse) pronto.

5. Completa el texto con las formas verbales adecuadas (pretérito indefinido o pretérito imperfecto).

El otro día, Ana (1) *iba* (ir) en el autobús y (2)_____ (ver) a un chico que (3)_____ (estar) leyendo un libro. Ana (4)_____ (acercarse) y le (5)_____ (preguntar) el nombre del autor. El chico le (6)_____ (contestar) que (7)_____ (ser) estudiante de literatura y (8)_____ (tener) otros libros del mismo autor. Cuando ellos (9)_____ (bajarse), (10)_____ (estar) charlando durante un buen rato y después (11)_____ (quedar) para el día siguiente para prestarse un libro.

ESCUCHAR

6. Escucha a Jaime contando su experiencia en el extranjero y contesta las siguientes preguntas.

1. ¿Cuándo se fue Jaime a Inglaterra?
   _____

2. ¿A qué hora cerraban las tiendas?
   _____

3. ¿Cómo es el clima en Inglaterra?
   _____

4. ¿De dónde es Jaime?
   _____

5. ¿Qué echaba de menos?
   _____

6. ¿Qué hacían cuando hacía buen tiempo?
   _____

7. ¿Cómo recuerda esos meses en el extranjero?
   _____

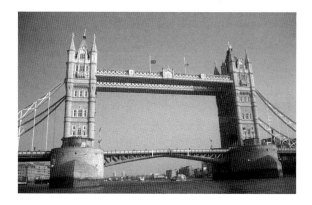

14

B. Yo no gano tanto como tú

1. Contesta las siguientes preguntas, como en el ejemplo.

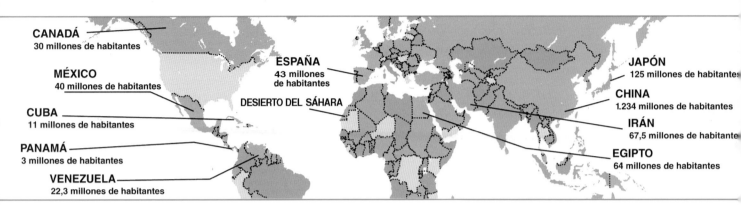

CANADÁ
30 millones de habitantes

MÉXICO
40 millones de habitantes

CUBA
11 millones de habitantes

PANAMÁ
3 millones de habitantes

VENEZUELA
22,3 millones de habitantes

ESPAÑA
43 millones
de habitantes

DESIERTO DEL SÁHARA

JAPÓN
125 millones de habitantes

CHINA
1.234 millones de habitantes

IRÁN
67,5 millones de habitantes

EGIPTO
64 millones de habitantes

1. ¿Qué país es más grande, México o Panamá?
   México es más grande que Panamá.

2. ¿Dónde hay menos habitantes, en China o en Irán?
   _____

3. ¿Qué está más al sur, Egipto o Japón?
   _____

4. ¿Hace tanto calor en Cuba como en Canadá?
   _____

5. ¿Dónde llueve menos, en Venezuela o en el desierto del Sahara?
   _____

6. ¿Qué país es más pequeño, Cuba o España?
   _____

7. ¿Qué país tiene más población, Egipto o Canadá?
   _____

8. De los países del mapa, ¿cuál tiene menos habitantes?
   _____

9. ¿Cuántos habitantes más tiene España que Canadá?
   _____

10. ¿Cuántos habitantes menos tiene Egipto que Irán?
    _____

2. Elige la respuesta correcta.

1. Sara es *más* alta que su hermana.
   a. tan   b. más   c. como

2. Andrés es ___ más guapo de la clase.
   a. la   b. tan   c. el

3. La habitación de Luis es ____ grande como la de Pedro.
   a. tan   b. más   c. menos

4. El sillón es ____ cómodo que la silla.
   a. el más   b. tan   c. más

5. Su última película es _____ que la anterior.
   a. mejor   b. mayor   c. buena

6. Ella es la _____ de sus hermanos.
   a. mejor   b. igual   c. mayor

7. Fue el _____ partido de la temporada.
   a. peor   b. bueno   c. malo

3. Escribe frases sobre los planetas, utilizando el superlativo como en el ejemplo.

1. Mercurio / próximo / Sol.
   Mercurio es el planeta <u>más</u> próximo al Sol.

2. Marte / cercano / Tierra.
   _____

3. Plutón / distante / Sol.
   _____

4. Venus / caluroso.
   _____

5. Júpiter / grande.
   _____

6. Mercurio / difícil de ver.
   _____

14

C. Mi ciudad

1. Elige la frase más parecida al significado original.

1. Ellos viven enfrente de nosotros.
   a. Su casa está al otro lado de la calle.
   b. Su casa está torciendo a la izquierda.

2. Juan está sentado al lado mío.
   a. Nadie está sentado entre nosotros.
   b. Alguien está sentado entre nosotros.

3. La casa está cerca de la iglesia.
   a. La casa está a poca distancia de la iglesia.
   b. La casa está a mucha distancia de la iglesia.

4. Juan vive lejos de mi casa.
   a. Entre la casa de Juan y la mía no hay mucha distancia.
   b. Entre la casa de Juan y la mía hay mucha distancia.

5. El jardín está detrás de la casa.
   a. Frente a la casa hay un jardín.
   b. A espaldas de la casa hay un jardín.

2. Busca en la sopa de letras el nombre de ocho medios de transporte.

A	U	T	O	B	U	S	A	C	E
M	B	D	F	I	G	T	R	E	N
H	O	I	K	C	L	N	O	Q	S
A	T	T	U	I	V	Y	A	D	F
V	G	A	O	C	H	J	L	M	M
I	N	X	O	L	P	R	T	E	U
O	V	I	X	E	Y	A	F	T	G
N	H	A	U	T	O	C	A	R	I
J	L	N	P	A	Q	S	U	O	V
Z	X	C	V	B	N	M	O	Q	W

3. Lee el siguiente artículo de prensa. Después contesta las preguntas.

Atascos kilométricos en el regreso de vacaciones de Semana Santa

La operación retorno de Semana Santa que acaba hoy, provocó ayer atascos de hasta 30 kilómetros, principalmente en las carreteras de entrada a Madrid, Barcelona y Sevilla. Además, la lluvia, el hielo y la niebla hicieron  más difícil la circulación en carreteras del sur y el norte de España.

Salieron a la carretera más coches de lo esperado, debido a que había huelga de autocares.

Por otra parte, los vuelos funcionaron con normalidad en el aeropuerto de Barajas. No se produjeron retrasos destacables. Más de mil aviones tomaron parte en la operación retorno en este aeropuerto, transportando a un total de 170.000 pasajeros.

(Adaptado de *EL PAÍS*)

1. ¿Cuándo se produjeron los problemas de tráfico?
   _____

2. ¿Dónde se produjeron los atascos más importantes?
   _____

3. ¿Qué circunstancias meteorológicas complicaron la operación retorno?
   _____

4. ¿Qué problema laboral complicó aún más la operación retorno?
   _____

5. ¿Qué medio de transporte funcionó con toda normalidad?
   _____

14

Practica más 7

Unidades 13 y 14

1. Haz frases en pretérito perfecto.

1. Mis padres / acostarse / temprano.
   Mis padres se han acostado temprano.
2. Juan / beberse / toda la leche.
   _____

3. Los niños / romper / el ordenador.
   _____

4. A nosotros / gustar / la película.
   _____

5. Mi novio y yo / estar de vacaciones / en Galicia.
   _____

6. El concierto / empezar / tarde.
   _____

7. La madre de Juan / caerse / por la escalera.
   _____

8. El fontanero / decir / que viene mañana.
   _____

9. ¿(Tú) / acabar de pintar tu casa?
   _____

2. ¿Lo han hecho alguna vez?

1. (Ellos) ir a Marbella.
   ¿Han ido alguna vez a Marbella?
2. (Tú) / ver una corrida de toros.
   _____

3. (Ella) / vivir en el extranjero.
   _____

4. (Vosotros) / ir a un concierto de rock.
   _____

5. (Ellos) / comido gazpacho.
   _____

6. (Tú) / montar en avión.
   _____

7. (Él) / arreglar un enchufe.
   _____

3. Escribe frases usando *me / te / le... gustaría* + infinitivo.

1. Sergio tiene mucha hambre.
   Le gustaría comer una pizza gigante.
2. Miguel y María viven lejos de sus hijos y nietos.
   _____

3. El coche de Alberto tiene 14 años.
   _____

4. Marta vive en un piso pequeño y antiguo.
   _____

5. Nosotros no tenemos mucho dinero.
   _____

6. En mi trabajo actual trabajo mucho y me pagan poco.
   _____

4. Mira los dibujos. ¿Qué predicciones le ha hecho la adivina a María? Haz frases como en el ejemplo.

estudiar – comprar – trabajar – tener – viajar

13/14

1. *María estudiará en la universidad.*
2. _____
3. _____
4. _____
5. _____

5. Escribe frases condicionales como en el ejemplo.

1. Alicia / comprar / coche nuevo / tocar / la lotería.
   Alicia se comprará un coche nuevo si le toca la lotería.
2. Mis amigos / ir / Barcelona / tener / dinero.
   _____
3. (Tú) / sacar / buenas notas / estudiar / mucho.
   _____
4. (Nosotros) salir / de paseo / Juan / llegar / pronto.
   _____

6. ¿Pretérito imperfecto o pretérito indefinido?

1. Cuando yo (ser) *era* estudiante, (trabajar) _____ en un restaurante.
2. Cuando me (tocar) _____ la lotería, me (comprar) _____ un piso nuevo.
3. El sábado pasado (ir, nosotros) _____ de compras, pero todo (estar) _____ muy caro.
4. Como (hacer) _____ mucho frío, yo no (salir) _____ .
5. Antes mi marido (tocar) _____ en un grupo de música; años después lo (dejar) _____ .
6. Ayer (quedar, yo) _____ con Enrique y Ana, pero no (venir) _____ .
7. Antonio (querer) _____ venir a la fiesta, pero el coche (estropearse) _____ .

7. Elige el adjetivo correcto de cada pareja.

claro-a / oscuro-a – antiguo-a / moderno-a
largo-a / corto-a – caro-a / barato-a
ancho-a / estrecho-a – grande / pequeño-a
limpio-a / sucio-a

1. Ese niño no sabe andar. Es muy *pequeño*.
2. No me lo puedo comprar. Es muy _____ .
3. Esa camisa azul es casi negra. Es muy _____ .
4. No tengo tiempo de limpiar. La casa está muy _____ .
5. La película duró demasiado. Fue muy _____ .
6. Mi coche no cabe en ese aparcamiento. Es muy _____ .
7. Este edificio es del siglo XVI. Es muy _____ .

8. Elige la opción correcta.

1. Andrés es *más* alto que su hermano.
   a. que   b. más   c. tan
2. Mi coche nuevo es _____ que el antiguo.
   a. tan   b. como   c. mejor
3. Las habitaciones de Elena y Rosa son iguales. La habitación de Elena es _____ grande como la de Rosa.
   a. tan   b. que   c. más
4. La silla es _____ cómoda que el sillón.
   a. tan   b. menos   c. menor
5. Elisa es más simpática _____ su compañera.
   a. como   b. peor   c. que
6. La mesa de madera no es tan antigua _____ la de hierro.
   a. como   b. que   c. menos
7. Luis tiene tres años menos que Nacho. Nacho es _____ que Luis. Luis es _____ que Nacho.
   a. mayor   b. menor   c. como
8. Las notas de Carlos son muy malas. Son _____ que las de su hermana.
   a. mejor   b. peor   c. peores
9. La película del sábado es muy aburrida. Es _____ que la de la semana pasada.
   a. mejores   b. peor   c. peores
10. Juan tiene mucho tiempo libre. Está _____ ocupado que yo.
    a. tan   b. menos   c. como

13 / 14

A. Segunda mano

1. Lee los anuncios y busca la información.

TABLÓN DE ANUNCIOS
El Universitario

SE VENDEN COCHES NUEVOS
Y SEMINUEVOS. MERCADO DE OCASIÓN.
TELÉFONO: 616 20 37. PRECIOS ESPECIALES
PARA LOS ALUMNOS DE LA UNIVERSIDAD.

Compro impresora de segunda mano. Preguntar por Daniel en el aula 327 del edificio B (mañanas).

Compro ropa de mujer de los años 60 y 70 para una obra de teatro. Preguntar por Rodolfo en el teléfono 93 660 80 98

Buscamos chico o chica para compartir piso. Habitación con baño, balcón y calefacción, muy cerca de la universidad. Interesados llamar al 91 984 67 98 y preguntar por Bea.

Si te interesa colaborar con el periódico de la universidad, puedes hacerlo. Pregunta por Carmen en el aula 214 o por Sara en el aula 218 del edificio B, por las mañanas. También puedes pasarte por el periódico.

Vendo botas de esquí. Marca Nórdica, del año 2003, poco usadas. 65 euros. Llamar al teléfono 91 693 76 96 por las tardes y preguntar por Marcos.

1. ¿Por quién tienes que preguntar si quieres ayudar en el periódico de la universidad?
   _____

2. ¿Dónde está el piso para compartir?
   _____

3. ¿Qué quiere Daniel?
   _____

4. ¿Para qué quieren la ropa antigua de mujer?
   _____

5. ¿En qué anuncio ofrecen ventajas a los alumnos de la universidad?
   _____

6. ¿Cómo están las botas de esquí?
   _____

7. ¿Por quién hay que preguntar si quieres compartir el piso?
   _____

8. ¿Dónde puedes encontrar a Sara?
   _____

2. Imagina que necesitas los siguientes objetos. ¿En qué sección de *Segunda Mano* tienes que buscarlos?

un frigorífico – una cámara digital
un piano – un coche – un piso de alquiler
una moto – un lavavajillas
una guitarra eléctrica – una cama
un ordenador – un CD de Enrique Iglesias
un bonsái – un acuario

MOTOR: _____
_____

INMOBILIARIA: _____
_____

INFORMÁTICA: _____
_____

IMAGEN Y SONIDO: _____
_____

CASA Y HOGAR: _____
_____

1. Completa con los nombres de frutas y verduras.
Hay una palabra vertical escondida.

	P		A		A	N	O	
P	M							
	N					A		
	L					A		
	M					T	N	
		P		R				
	C					O		
		U		A				

2. Relaciona.

1. ¿Desea algo más?   C
2. ¿Cuánto es todo?   ☐
3. Quería una lechuga.   ☐
4. ¿Tiene pimientos?   ☐
5. Buenos días, ¿qué desea? ☐
6. ¿Puede darme una bolsa?   ☐

a. Son 10,20 euros.
b. Sí, me quedan algunos, ¿cuántos quiere?
c. No, gracias, nada más.
d. Quería un kilo de naranjas.
e. Sí, claro, tenga.
f. Lo siento, no me queda ninguna.

3. Completa las preguntas con un indefinido:
algún, alguno, alguna, ninguno, nadie, nada...
Contesta siempre negativamente.

1. ¿Hay *algún* pimiento en el frigorífico?
   No, no hay *ninguno.*

2. ¿Queda _____ lechuga para hacer ensalada?
   _____ .

3. ¿Hay _____ cine cerca de tu casa?
   _____ .

4. ¿Desea _____ más?
   No, _____ gracias.

5. ¿Ha llamado _____ por teléfono?
   No, _____ .

6. ¿Tienes aquí _____ foto de tus padres?
   _____ .

7. ¿Quieres tomar _____?
   _____ .

8. ¿Tienes _____ libro de yoga?
   _____ .

9. ¿Esperas a _____?
   _____ .

10. ¿Has comprado _____?
    _____ .

4. De las frases siguientes, siete son incorrectas.
Encuentra cuáles son y corrígelas.

1. No hay *ninguno* limón en el frigorífico.
   I. *ningún limón.*

2. ¿Tienes algún disco de Enrique Iglesias?

3. ¿Hay algunas botella de agua en la nevera?

4. ¿Vive algún en el piso de arriba?

5. ¿Ha venido alguno a casa?

6. ¿Alguien ha visto mis gafas?

7. ¿Hoy no ha llamado nada por teléfono?

8. ¿Alguien ha visto nada del accidente?

9. ¿Algún de vosotros sabe algo?

15

1. Clasifica los platos en su lugar correspondiente de la carta.

> cordero asado – ensaladilla rusa
> merluza – lomo de cerdo
> menestra de verdura – sopa castellana
> fruta del tiempo – agua mineral – helado
> vino – ternera – tarta – flan

Primer plato

_____
_____
_____

Segundo plato

_____
_____
_____

Postre

_____
_____
_____

Bebidas

_____
_____
_____

ESCUCHAR

2. Completa la conversación en el restaurante.

CAMARERO: ¿(1) *Qué* van a tomar?

SEÑORA: Yo (2)_____ quiero sopa castellana.

SEÑOR: Y yo (3)_____ menestra de verdura.

CAMARERO: Muy bien, ¿y de (4)_____?

ELLA: ¿Qué tal (5)_____ el cordero?

CAMARERO: Riquísimo, (6)_____ de Segovia.

ELLA: Pues (7)_____ tomaré cordero.

ÉL: Yo prefiero pescado, tomaré (8)_____

CAMARERO: Muy bien, ¿y (9)_____?

ÉL: Para beber pónganos (10)_____ de vino de la casa y una botella de agua (11)_____, por favor.

CAMARERO: ¿Vino (12)_____ o tinto?

ÉL: Carmen, ¿tú (13)_____ prefieres?

ELLA: Tinto, mejor ¿no?

ÉL: Sí, una botella de (14)_____ tinto.

CAMARERO: Muy bien, ahora mismo.

3. Escucha y comprueba. 16

4. Completa las frases impersonales con los verbos del recuadro.

> se puede – se habla – se escribe
> se cuecen – se ve – se sirve – se toma
> se pronuncian – se oye – ~~se cena~~ – se ve

1. En España *se cena* muy tarde, a las diez.

2. Aquí no _____ fumar.

3. Los macarrones _____ en agua caliente.

4. ¿*Huevo* _____ con h o sin h?

5. La carne _____ con patatas fritas o ensalada.

6. Profesora, ¿puede hablar más alto? Aquí no _____ nada.

7. Cuidado con la niebla, no _____ nada.

8. Pablo, cállate, no _____ con la boca llena.

9. Con el pescado _____ vino blanco.

10. La *b* y la *v* _____ igual

11. Paco, la tele no _____ bien, ¿qué le pasa?

15

5. Lee el artículo y complétalo con las palabras del recuadro.

refrescos – ~~rito~~ – en – de – tapas – son
que – mayores – julio – acompañar
variedad – gambas – hay – estudio
boquerones – Andalucía

Las preferencias de verano de los andaluces

El queso, las aceitunas y el jamón son las tapas favoritas de los andaluces a la hora del aperitivo.

Tomar el aperitivo es un (1) *rito* social importante en Andalucía. Para celebrar ese rito (2)_____ verano, las (3)_____ preferidas por los andaluces (4)_____ el queso, las aceitunas y el jamón, acompañadas de una cerveza fresquita. Así lo afirma un (5)_____ realizado por la empresa Quota Unión/Sigma Dos a principios de (6)_____ sobre una muestra de 1.000 personas (7)_____ de 18 años.

Los datos (8)_____ la encuesta revelan (9)_____ las tapas más mencionadas por los encuestados son el queso, las aceitunas y el jamón, seguidas por las (10)_____ (30%), las patatas ali-oli, la tortilla, los (11)_____ , el chorizo y la paella, en este orden.

A la hora de (12)_____ a las tapas, la bebida preferida por casi todos los encuestados es la cerveza, seguida de los (13)_____ , el vino y los zumos.

En (14)_____ es donde se encuentra el origen del término tapa (porción de comida que tapaba los vasos de vino en las tabernas del sur de España). La gran cantidad de bares y cafeterías que (15)_____ en toda España permiten disfrutar de una gran (16)_____ de tapas y raciones.

(Adaptado de *EL PAÍS*)

Aperitivos		
Queso		40%
Aceitunas		39%
Jamón		38%
Gambas		30%
Patatas ali-oli		22%
Tortilla		20%
Boquerones		17%
Calamares		17%
Chorizo		15%
Paella		14%
Pulpo		10%

Porcentaje de encuestados que mencionan el producto

Bebidas		
Cerveza		100%
Refrescos		60%
Zumos		30%
Vino		29%
Cerveza sin alcohol		14%

Primera respuesta espontánea

15

16

A. En verano, salud

1. Completa la tabla de imperativos.

AFIRMATIVO	NEGATIVO
(tú) bebe (Vd.) beba	_____ _____
_____ venga	no vengas _____
cállate _____	_____ _____
_____ _____	no te levantes _____
haz _____	_____ _____

2. Contesta, como en el ejemplo.

1. No quiero ir a trabajar, quiero quedarme en casa.
   Pues no vayas a trabajar, quédate en casa.

2. Quiero tomar un té, no un café.
   _____

3. Quiero salir, no quiero quedarme en casa.
   _____

4. Quiero ponerme los vaqueros, no la falda.
   _____

5. Quiero comer un bocadillo, no quiero comer pescado.
   _____

6. No quiero ir al cine, quiero ir a la discoteca.
   _____

7. Quiero sentarme aquí, no quiero andar más.
   _____

3. Escribe la forma negativa.

1. Dámelo   *No me lo des*
2. Hazlos   _____
3. Díselo   _____
4. Ábrela   _____
5. Tráela   _____
6. Póntelo   _____
7. Tráigalos   _____
8. Llévala   _____
9. Dímelo   _____
10. Póngasela   _____
11. Dígaselo   _____

4. ¿Cuándo se dice…? Relaciona las frases con las situaciones.

1. En una oficina de empleo, un empleado a un joven. ☐ f
2. El padre a su hijo a la hora de dormir. ☐
3. El profesor a sus alumnos. ☐
4. La madre a su hijo pequeño. ☐
5. Alguien a su compañero/a de piso. ☐
6. Una persona en una oficina hablando por teléfono a alguien que quiere entrar. ☐
7. El médico al paciente. ☐
8. El cliente al camarero. ☐

a. Espere un momento, por favor.
b. Acuéstate ya, son las 10.
c. No coma muchas grasas ni dulces.
d. Compra tú el periódico, yo no puedo.
f. Jorge, no toques eso, es peligroso.
g. Escribe aquí tus datos personales.
h. No hagáis los ejercicios 3 y 4.
i. Pónganos una ración de queso, por favor.

5. Lee el texto y responde a las preguntas.

España vende la siesta

Una cadena de masajes ofrece un breve sueño de relajación para personas con estrés

La siesta ya se puede comprar. Una empresa barcelonesa oferta en sus establecimientos de salud y belleza un rato de sueño después de un breve masaje antiestrés por 12 euros.

Los científicos han demostrado que la siesta es buena porque es una necesidad biológica. Según el doctor Eduard Estivill, jefe de la Unidad de Trastornos del Sueño: "El cerebro pide desconectar dos veces al día, por la noche y entre las dos y las cuatro de la tarde". Sin embargo, sólo el 20% de los españoles practica esta sana costumbre, a causa del ritmo de la vida moderna.

En estos centros, el cliente primero recibe un masaje antiestrés que dura entre cinco y diez minutos. A continuación, se cubre con una manta y duerme unos veinte o treinta minutos.

Al doctor Estivill, la idea le parece muy buena, siempre que no se duerma más de 30 minutos. Si se duerme más tiempo, la gente despierta de mal humor.

Desde hace tiempo se sabe que dormir la siesta es bueno para el corazón y, sobre todo, mejora el rendimiento intelectual.

(Adaptado de EL PAÍS)

1. ¿Quién vende la siesta?
_____

2. ¿Cuánto cuesta "una siesta"?
_____

3. ¿Cuántos españoles duermen habitualmente la siesta?
_____

4. ¿En qué consiste el tratamiento?
_____

5. ¿Cuánto tiempo es recomendable dormir después de comer?
_____

6. ¿Cuáles son los principales beneficios de dormir la siesta?
_____

6. Relaciona.

1. Cuando Teresa está resfriada — b
2. Antes de tomar el sol, Manu — ☐
3. Cuando a Ignacio le duele la espalda — ☐
4. Cuando a Isabel le duele la cabeza — ☐
5. Cuando a Lucía le duele el estómago — ☐
6. Cuando Pablo se siente sin fuerzas — ☐

a . se pone crema protectora.
b. toma miel con limón y zumo de naranja.
c . toma vitaminas.
d. toma una aspirina.
e . hace dieta.
f . no levanta cosas pesadas.

ESCUCHAR

7. Escucha la entrevista que le hacen a una actriz y modelo famosa. Señala V o F. **16** 🔘

1. Empezó a trabajar en 1987. — F
2. Maribel Rojo está soltera. — ☐
3. Hace deporte de vez en cuando. — ☐
4. No come carne. — ☐
5. Le gustan mucho los dulces. — ☐
6. No le gusta andar. — ☐
7. No se cuida demasiado el cutis. — ☐

16

B. El jefe está de mal humor

1. Relaciona.

1. abierto — b . cerrado
2. lleno   a . estupendo
3. sucio   c . arreglado
4. libre   d . ocupado
5. estropeado   e . limpio
6. fatal   f . vacío

2. Mira los dibujos y completa con un adjetivo de la actividad anterior.

1. Ese taxi está *libre.*

2. La farmacia está _____

3. El teatro está _____

4. La calle está _____

5. El ascensor está _____

6. La botella está _____

7. Ese taxi está

_____

3. Completa las frases con los verbos *ser, estar, tener.*

1. A. ¿Sabes? He conocido a una chica.
   B. ¿Sí? ¿Cómo *es*?
   A. Pues _____ bastante alta, morena. _____ 21 años. _____ el pelo castaño, largo y liso.
   B. ¡Vaya! ¿Y a qué se dedica?
   A. _____ economista, pero ahora _____ estudiando Derecho.

2. A. ¿Qué le pasa a Rosa?
   B. Creo que _____ preocupada porque en su empresa _____ despidiendo a mucha gente.

3. A. ¿Qué tal el piso nuevo?
   B. El piso (1)_____ muy bien, pero el barrio (2)_____ fatal. Las calles _____ sucias, los coches (3)_____ mal aparcados, los teléfonos de las cabinas (4)_____ estropeados, no funcionan. Bueno, menos mal que el parque (5)_____ grande y (6)_____ muchas flores.

4. A. ¡Qué coche tan bonito! ¿_____ nuevo?
   B. ¡Qué va! Ya tiene ocho años, pero _____ nuevo porque lo uso poco.

5. A. ¿Por qué no te tomas ya el café?
   B. No puedo, _____ muy caliente.

6. A. ¿_____ libre esta silla?
   B. No, _____ ocupada.

7. A. ¿Qué te pasa?
   B. Que _____ harta de limpiar, cocinar, comprar, planchar, _____ harta de todo.

8. Esta película _____ muy aburrida.

9. No te pongas esos pantalones, _____ sucios.

10. A. ¿Qué le pasa a Ismael?
    B. Nada, _____ que _____ nervioso porque mañana _____ el examen de conducir.

c. ¡Que te mejores!

1. Completa la tabla con las formas del presente de subjuntivo.

HACER	TENER	IR	SER	ESTAR
haga				
	tengas			
		vaya		
			seamos	
				estéis
hagan				

2. Completa las frases con el verbo en la forma adecuada.

1. Espero que (estar, tú) *estés* bien.
2. Esperamos que (tener, tú) _____ un buen viaje.
3. Mi madre espera que (encontrar, yo) _____ un buen trabajo.
4. Rosa espera que su novio (venir) _____ el domingo.
5. Yo espero que ellos (hacer) _____ mañana la comida.
6. Espero que (ponerte) _____ el traje nuevo para la boda de Rocío.
7. Roberto espera (encontrar) _____ un buen trabajo pronto.
8. Espero que no (comar) _____ dulces, Pedro, no te sientan bien.
9. Esperamos que (ir, ustedes) _____ a vernos al pueblo.
10. El Presidente espera (ganar, él) _____ las elecciones otra vez.
11. Todos esperan que este año (ganar) _____ la Liga el Real Madrid.

3. ¿Qué se dice en estas situaciones?

1. A alguien que está enfermo.
   ¡Que te mejores!
2. A alguien que sale de viaje.
   _____
3. A unos recién casados.
   _____
4. A alguien que tiene un examen mañana.
   _____
5. A alguien que va a dormir.
   _____
6. A alguien que va a una fiesta.
   _____

4. Lee y completa el correo electrónico de Bea a Javier.

> beca – espero – Este – a – pronto
> besos – ~~Hola~~ – apruebo – vacaciones
> verte – mejorar – diviertas

Viaje a Barcelona

Enviar   Chat   Adjuntar   Agenda   Tipo de letra   Colores   Borrador

Para: Araceli
Cc:
Asunto: Viaje a Barcelona
Cuenta: Rosa <rosa@jazzfree.com>

¡(1) Hola, Javi!
Belén me ha dicho que estás estudiando en París con una (2)_____ Erasmus. ¡Qué bien! ¿Cómo te va? A mí me gustaría ir el año que viene (3)_____ Londres para (4)_____ mi inglés, (5)_____ que me den una beca. Si no tengo beca, iré y me buscaré un trabajo. (6)_____ año estoy estudiando mucho, a ver si (7)_____ todas las asignaturas en febrero y junio. Pronto son las (8)_____ de Navidad, ¿vas a venir a casa? Espero (9)_____ en la fiesta de Nochevieja, como cada año.
Bueno, Javi, hasta (10)_____, espero que estudies mucho, que te (11)_____ y que me escribas.
Muchos (12)_____ de

Bea.

16

Practica más 8

Unidades 15 y 16

1. Completa las frases con *algo, alguien, nada, nadie, algún, alguna, alguno, algunos, algunas, ningún, ninguna, ninguno.*

1. ¿A *alguien* le molesta que abra la ventana?
2. ¿Te gustaría tomar _____?
3. Mis amigos no quisieron beber _____ .
4. El accidente parecía muy grave, pero afortunadamente no hubo _____ herido.
5. Hicimos _____ fotografías, pero _____ salió bien.
6. No queda _____ huevo en la nevera.
7. ¡En _____ sitio tienen que estar mis gafas!
8. ¿Por qué estás mirando debajo de la cama? ¿Has perdido _____?
9. Salió de casa sin decir _____ a _____ .
10. ¿Tienes _____ noticia de ellos?
11. _____ está llamando a la puerta. ¿Puedes abrir?
12. No he leído _____ de sus novelas.

2. Contesta las siguientes preguntas utilizando *nada, nadie, ningún, ninguna, ninguno.*

1. ¿Qué estás haciendo? *Nada.*
2. ¿Cuántos hijos tienen? _____ .
3 ¿Quién está hablando? _____ .
4. ¿Qué comisteis? _____ .
5. ¿Adónde fueron? A _____ sitio.
6. ¿Con quién bailaste? Con _____ .
7. ¿Qué os regalaron? _____ .

8. ¿Qué compraste? No había _____ tienda abierta.
9. ¿A quién viste en la fiesta? No había _____ conocido.
10. ¿Qué película visteis? _____ .
11. ¿Dónde está Ana? _____ sabe dónde está.
12. ¿Quién ha visitado el Museo del Prado? _____ de nosotros hemos estado en Madrid.

3. ¿Cómo se hace el "arroz con leche"?

1. (hervir) *Se hierve* la leche.
2. (echar) _____ el arroz.
3. (añadir) _____ el azúcar y la canela en rama.
4. (cocer) _____ durante veinte minutos.
5. (añadir) _____ la canela en polvo.
6. (servir) _____ frío.

4. Ordena la siguiente conversación.

– A mí póngame una sopa de primero y de segundo un filete. ☐
– Buenos días, ¿qué desean comer? 1
– Vino y casera, por favor. ☐
– Yo también quiero sopa, pero de segundo quiero pollo. ☐
– ¿Y para beber? ☐
– No, muchas gracias. La cuenta, por favor. ☐
– ¿Tomarán algo de postre? ☐

5. ¿Qué se dice en estas situaciones?

1. Un chico de 15 años a su padre, cuando necesita dinero para comer en el instituto.
Papá, dame dinero para comer.

2. El profesor a sus alumnos antes de un examen. Ellos están mirando los libros.

_____

3. Una señora al camarero en un restaurante. Necesita una cucharilla.

_____

4. Una madre a sus hijos que llevan mucho tiempo viendo la tele.

_____

5. Un padre a su hija al despertarle por la mañana.

_____

6. Un médico a su paciente que fuma y no hace ejercicio.

_____

7. Un profesor a sus estudiantes que están hablando demasiado alto.

_____

8. Un policía a un conductor que iba muy rápido, en la carretera.

_____

9. Una madre a su hijo que está comiendo mucho helado.

_____

10. Un director de un banco a uno de sus empleados que sale al bar a tomar café con mucha frecuencia.

_____

6. Escribe la orden contraria.

1. Ponte este jersey, te queda muy bien.
   No te pongas este jersey, te queda mal.

2. Siéntese aquí, la mesa está libre.

_____

3. Coge mi coche, está arreglado.

_____

4. Limpia la habitación, está sucia.

_____

5. Llena la jarra del agua, está vacía.

_____

6. Ve a comprar el periódico, el quiosco está abierto.

_____

7. Cómprate este CD, está estupendo.

_____

8. Tómate el café, está casi frío.

_____

9. Ve a ver esa película, es muy buena.

_____

7. Sigue el modelo.

1. Ana / traer el pan.
   Yo espero que Ana traiga el pan.

2. (él) / venir a verme.

_____

3. (vosotros) / escribir pronto.

_____

4. mi equipo / jugar bien.

_____

5. mi hija / aprobar.

_____

6. (vosotros) / estar bien.

_____

7. (tú) / venir a mi boda.

_____

8. (tú) / mejorarse.

_____

9. (tú) / ponerse el abrigo al salir.

_____

8. Completa con uno de los verbos del recuadro en el tiempo adecuado, infinitivo o presente de subjuntivo.

| tener – llamar – casarse – venir |
| salir – hacer – aprobar |

1. Espero que *tengas* buen viaje.
2. Esperamos que (vos.) _____ a vernos a nuestra casa.
3. Tu madre espera que la _____ por teléfono.
4. Ellos esperan que su hijo _____ todas las asignaturas en junio, pero el hijo no estudia nada.
5. Olga quiere _____ en junio, pero su novio no tiene prisa.
6. Rosa, espero que _____ los deberes antes de ver la tele.
7. Espero que no _____ a la calle, con el resfriado que tienes.

17

A. Buscando trabajo

1. Escribe los nombres de las profesiones.

1. Arregla todo tipo de motores. Le gusta mucho su trabajo, pero se mancha mucho las manos: *mecánico.*

2. Trabaja en un colegio. Enseña Lengua y Literatura:
   _____

3. Su jefe dice que es muy buen vendedor y atiende muy bien a los clientes:
   _____

4. Me encanta comer, pero sobre todo me gusta hacer comidas muy ricas:
   _____

5. Mi trabajo es muy interesante. Estoy siempre viajando y explicando a los turistas las maravillas que visitan:
   _____

6. Cuando trabajo muchas horas me duelen los ojos. Tengo que utilizar un protector de pantalla en el ordenador:
   _____

7. A algunas clientas les gusta el pelo liso, otras lo quieren rizado y otras de punta:
   _____

8. Al escribir una noticia intento ser imparcial, aunque no siempre es fácil:
   _____

9. Me paso todo el día conduciendo por Madrid. Acabo muy estresado:
   _____

10. El turno de noche es el más tranquilo. La mayoría de los enfermos están descansando:
    _____

11. Si conduces muy deprisa, te pone una multa:
    _____

2. Joana tiene una entrevista de trabajo. Relaciona las preguntas con las respuestas.

JOANA: Buenos días, venía por el anuncio del periódico para la plaza de profesora de Educación Infantil.
DIRECTORA: Sí, muy bien. ¿Qué titulación tienes?
JOANA: _____
DIRECTORA: ¿Tienes experiencia?
JOANA: _____
DIRECTORA: Estupendo, y ahora ¿qué te gustaría saber sobre esta escuela?
JOANA: ¿Qué horario tenéis?
DIRECTORA: _____
JOANA: ¿Qué edad tienen los niños con los que voy a trabajar?
DIRECTORA: _____
JOANA: Prefiero los pequeños. ¿Y el sueldo?
DIRECTORA: _____ ¿De acuerdo? Pues el lunes te esperamos.

a. Hay dos turnos: de 8 de la mañana a 3 de la tarde, y de 10 a 5.
b. Soy profesora de Educación Infantil.
c. Puedes elegir: bebés o niños de uno a dos años.
d. Sí, he trabajado un año en una escuela del Ayuntamiento.
e. 1.000 € durante el primer año.

B. Sucesos

1. Observa el programa de actividades que realizó "el Dioni" el día de su famoso atraco.

8:00	desayuna en casa.
9:00	se dirige a su trabajo.
9:30	conduce su furgón de seguridad.
10:00	recoge 180.000 € en un banco.
10:45	abandona su furgón en un aparcamiento público.
11:30	vuela con destino a Brasil con su botín.
21:30	se registra en un hotel de 5 estrellas.
22:00	cena en el mejor restaurante de Río de Janeiro.
24:00	llama por teléfono a su madre para desearle buenas noches.

¿Qué estaba haciendo "el Dioni" el día del atraco?

1. A las 8:00 *estaba desayunando* en su casa.
2. A las 9:00 _____
3. _____
4. _____
5. _____
6. _____
7. _____
8. _____
9. _____

2. Escribe una frase para cada dibujo utilizando los verbos del recuadro.

> jugar – sonar – pasear – llamar – llegar
> cenar – ~~hacer la comida~~ – morder – ver
> robar – empezar a llover – hacer una foto

1. *(Él) estaba haciendo la comida cuando el cartero llamó a la puerta.*
2. _____
3. _____
4. _____
5. _____
6. _____

3. El verano pasado un grupo de estudiantes ingleses vinieron a España por primera vez. Estas son las cosas que no habían hecho antes de venir:

1. Alan (hablar) *no había hablado* mucho español.
2. Helen nunca (comer) _____ paella.
3. Ninguno (visitar) _____ la ciudad de Segovia.
4. La mayoría (conducir) _____ por la derecha.
5. Peter y Joseph (ver) _____ una corrida de toros.

4. Completa las frases con el pretérito indefinido o el pluscuamperfecto.

1. Los niños (volver) *volvieron* muy cansados, porque (estar) *habían estado* en el zoo.

2. Teresa (enfadarse) _____ con su profesora porque no (aprobar) _____

3. Todo el mundo (marcharse) _____ cuando nosotros (llegar) _____ a la fiesta.

4. No nos (ver) _____ desde que (ir) _____ al concierto.

5. Luis (tener) _____ un accidente porque (beber) _____ mucho.

6. A Julio le (despedir) _____ del trabajo sólo porque (llegar) _____ tarde tres veces.

5. Lee las noticias del periódico y contesta las preguntas.

La perla de Manila

La policía ha detenido a los autores del robo de la joyería *La perla de Manila*. El atraco tuvo lugar el sábado 16 de enero. La policía ha detenido a tres jóvenes que han pasado a disposición judicial.

LLegan a España los pescadores del barco gallego

Han llegado a España los pescadores del barco gallego que naufragó en las costas de Irlanda el pasado día 19 de diciembre. El naufragio sucedió en medio de una fuerte tormenta cuando el barco chocó contra unos acantilados y se partió en dos. Decenas de paisanos de distintos puntos de Galicia los han recibido en el aeropuerto de Barajas. Todos han llegado sanos y salvos.

Atropellan a un niño a la salida del colegio

La policía todavía no ha encontrado al autor del atropello de un niño, a la salida del colegio, que se produjo ayer en la calle Altamirano de Madrid. Numerosos testigos que presenciaron el accidente han declarado esta mañana en las dependencias policiales.

Beckham vuelve a Inglaterra

David Beckham acaba de declarar que se le ha perdido el respeto como jugador demasiado pronto. El jugador afirmó que de todas formas se siente muy feliz en su actual club, pero la posibilidad de su regreso a Inglaterra parece cada día más cerca.

1. ¿Qué delito habían cometido los jóvenes que detuvo ayer la policía?
_____

2. ¿En qué situación se encuentran ahora los detenidos?
_____

3. ¿Qué problema habían tenido los marineros que llegaron ayer a Barajas?
_____

4. ¿Quién fue a recibirlos al aeropuerto?
_____

5. ¿Quién atropelló ayer a un niño en Madrid?
_____

6. ¿Qué han hecho esta mañana los testigos?
_____

7. ¿Qué ha comentado David Beckham a la prensa?
_____

8. ¿Cómo se ve el futuro del deportista?
_____

C. Excusas

ESCUCHAR

1. Completa la siguiente entrevista a un residente del centro de Madrid.

A. (1) *¿Cuántos años tienes?*
B. 55.

A. (2) ¿_____?
B. Sí, estoy casado y tengo dos hijos.

A. (3) ¿_____?
B. En la calle Goya. Es una casa bastante grande y luminosa.

A. (4) ¿_____?
B. ¿Lo mejor de vivir en el centro? Puedo ir andando a mi trabajo y hay muchas tiendas cerca de casa.

A. (5) ¿_____?
B. Lo peor es el aparcamiento. Es horroroso.

A. (6) ¿_____?

B. No tengo ningún restaurante favorito. Pero cuando salimos en familia, elegimos un restaurante italiano.

A. (7) ¿_____?

B. La compra la solemos hacer en un supermercado cerca de casa.

A. (8) ¿_____?

B. En mi tiempo libre, lo que más me gusta es salir de Madrid y andar por el campo.

2. Escucha y comprueba. **17** 🔘

3. Pasa las preguntas del ejercicio anterior a estilo indirecto.

1. *La entrevistadora le preguntó que cuántos años tenía.*

2. _____

3. _____

4. _____

5. _____

6. _____

7. _____

8. _____

4. Pasa las respuestas del ejercicio anterior a estilo indirecto.

1. *El señor le contestó que tenía 55 años.*

2. _____

3. _____

4. _____

5. _____

6. _____

7. _____

8. _____

5. Pasa los siguientes chistes a estilo indirecto.

El paciente le dijo al médico que _____
_____
_____

Y el doctor le respondió que _____
_____
_____

_____
_____
_____

A. ¿Cuánto tiempo llevas esperando?

1. Elige la frase de significado similar al original.

1. David lleva viajando por África un mes.

   a. El viaje de David acabó hace un mes. ☐

   b. David empezó su viaje por África hace un mes y sigue allí. ☐

   c. David estuvo en África el mes pasado. ☐

2. Ana y Antonio llevan programando el ordenador toda la mañana.

   a. Ellos empezaron a programar el ordenador a primera hora de la mañana. ☐

   b. Han acabado de programar el ordenador. ☐

   c. Programan el ordenador todas las mañanas. ☐

3. La lavadora lleva funcionando desde las diez.

   a. La lavadora acabó de funcionar a las diez. ☐

   b. La lavadora empezó a funcionar a las diez y aún no ha terminado. ☐

   c. La lavadora funciona siempre a las diez. ☐

4. Ángela lleva tocando el violín desde que tenía diez años.

   a. Ángela empezó a tocar el violín a los diez años y lo dejó. ☐

   b. Ángela tocó el violín durante diez años. ☐

   c. Ángela toca el violín desde que tenía diez años. ☐

2. Completa las frases utilizando la forma *llevar* + gerundio.

1. Cristina *lleva viendo* (ver) la televisión dos horas.

2. Juan y Carolina _____ (trabajar) desde las siete de la mañana.

3. _____ (nevar) más de dos días.

4. ¿Cuánto tiempo (tú) _____ (estudiar) español?

5. María _____ (salir) con Antonio dos años.

6. ¿Cuánto tiempo (nosotros) _____ (ahorrar) para comprarnos el coche?

7. (Yo) _____ (buscar) las llaves toda la mañana y no las encuentro.

8. ¿Cuánto tiempo (vosotras) _____ (hablar) por teléfono?

9. (Nosotros) _____ (esperar) más de dos horas.

10. ¿Cuánto tiempo (vosotros) _____ (buscar) piso?

3. Sigue el ejemplo.

1. Carlos está durmiendo. Se acostó a las tres y ahora son las seis.
   Carlos lleva tres horas durmiendo.

2. Rosa está tocando el piano. Empezó a las cuatro y son las cinco y media.
   _____

3. Emilio trabaja en un taller mecánico. Entró allí en el año 2004.
   _____

4. Julio y yo salimos juntos. Nos conocimos en abril.
   _____

5. Elena juega a baloncesto en el Juventud. Entró hace dos meses.
   _____

4. Pregunta, como en el ejemplo.

1. Estoy esperándote.
   ¿Cuánto tiempo llevas esperándome?
2. Estoy saliendo con un chico.

   _____

3. Mi hijo toca la guitarra.

   _____

4. Yo estoy jugando al ajedrez.

   _____

5. Carlos vende electrodomésticos.

   _____

6. Tomás y María viven en la calle Santa María.

   _____

7. Julia y yo trabajamos en la misma empresa.

   _____

8. Pedro está aprendiendo a conducir.

   _____

9. Laura y Jaime estudian neerlandés.

   _____

B. ¿Qué has hecho el fin de semana?

1. Elige el verbo adecuado.

1. A. ¿Qué *has hecho / hiciste* este fin de semana?
   B. Nada especial. El sábado *he visto / vi* una película en la tele y el domingo *he ido / fui* a ver a mis padres.
2. A. Ayer te *he llamado / llamé* por teléfono y no te *he encontrado / encontré*.
   B. Sí, es que *he ido / fui* con un amigo a ver una exposición de instrumentos musicales antiguos.
3. A. ¿Dónde *has estado / estuviste* estas vacaciones de Semana Santa?
   B. En mi pueblo. *He visto / vi* todas las procesiones que *han salido / salieron*.
4. A. Sonia, ¿dónde *has estudiado / estudiaste* español?
   B. En la playa. Hace un año *he venido / vine* de vacaciones a la Costa del Sol y *he conocido / conocí* a un chico español muy simpático y *hemos empezado / empezamos* a salir. Yo me *he matriculado / me matriculé* en una academia para aprender español.

A. Sigues saliendo con ese chico?
B. No, qué va, lo *he dejado / dejé* hace tres meses.

5. A. ¿Sabes que Eduardo *ha tenido / tuvo* un accidente?
   B. No, ¿cuándo?
   A. La semana pasada. *Ha chocado / chocó* con un camión, *ha sido / fue* horrible, está en el hospital de La Paz.

2. ¿Has visto estas películas? Da tu opinión y completa la tabla con el vocabulario de los recuadros.

> musical – ciencia-ficción – comedia
> drama – terror – oeste – guerra – acción

> romántica – aburrida – interesante
> divertida – horrible – desagradable
> original – emocionante – rara – maravillosa

Película	Tipo de película	Tu opinión
Titanic		
Con faldas y a lo loco		
Salvar al soldado Ryan		
West Side Story		
El exorcista		
La guerra de las galaxias		
El señor de los anillos		
Solo ante el peligro		

18

3. Escucha la siguiente entrevista con Pedro y contesta las siguientes preguntas. 18 ◎

1. ¿Con qué frecuencia va Pedro al cine?
   _____

2. ¿Qué tipo de películas le gustan?
   _____

3. ¿Tiene un actor favorito?
   _____

4. ¿Qué actriz le gusta más?
   _____

5. Di una de sus películas favoritas.
   _____

6. ¿Ha visto alguna película española últimamente? ¿Cuál?
   _____

7. ¿Qué otras actividades le gusta hacer cuando sale con sus amigos?
   _____

C. ¿Qué te parece éste?

1. Lee el texto y corrige las siguientes afirmaciones.

1. El encuentro ocurrió en la playa.
   _____

2. El cielo estaba nublado.
   _____

3. La protagonista vio un rayo.
   _____

4. El objeto avanzaba despacio.
   _____

5. Se lo contó a su familia.
   _____

6. Ella creyó que era un avión.
   _____

7. La policía estuvo de acuerdo con ella.
   _____

Un encuentro extraño

El incidente ocurrió en la sierra de Madrid el 3 de diciembre de 2003. Iba caminando con mi perro y mirando tranquilamente las estrellas cuando, de repente, vi una luz roja. Se movía rápidamente hacia mí y luego descendió lentamente.

Después de un minuto giró hacia el este, increíblemente deprisa. No tengo ni idea de lo que era, pero no parecía de este mundo. Más tarde llamé por teléfono a la policía y les conté la historia. Ellos no me creyeron, pero yo estoy segura de que era un ovni.

2. Lee el texto sobre la revista *Asimov* y contesta las siguientes preguntas.

ASIMOV CIENCIA FICCIÓN

Asimov ciencia ficción es la edición española de ***Asimov´s Science Fiction,*** en la que se añaden relatos y artículos de autores españoles.

Esta revista está considerada como la mejor revista de narrativa de ciencia ficción. Sus novelas y relatos han recibido más de cuarenta premios. La revista fue creada en Estados Unidos en 1977, figurando como director editorial Isaac Asimov. Desde 1986 hasta 2004, ha recibido en catorce ocasiones el premio a la mejor edición.

Precio del ejemplar: 10 €

Suscribiéndote te aseguras la reserva de tu ejemplar y lo recibes en tu domicilio por correo sin gastos de envío.

¡Suscríbete ya!
Suscripción: 50 €
(1 año – 6 ejemplares)

Todos los suscriptores recibirán de regalo una camiseta XL de color negro con el anagrama de Asimov ciencia ficción.

1. ¿Qué temas trata la revista Asimov?

   _____

2. Además de los artículos de la edición americana, ¿qué otros textos puedes encontrar en la edición española?

   _____

3. ¿Por qué ha recibido la revista tantos premios?

   _____

4. ¿Quién fue su primer director?

   _____

5. ¿Qué ventajas tiene la suscripción?

   _____

6. ¿De que talla es la camiseta de regalo por la suscripción?

   _____

3. Escribe una composición sobre la vida en otros planetas. Utiliza las expresiones del recuadro.

> me gusta(n) – no me gusta(n)
> me parece – yo creo – pienso que
> me preocupa – me interesa

_____
_____
_____
_____
_____
_____
_____
_____
_____
_____

4. Relaciona cada adjetivo con su contrario:

1. horrible ☐
2. divertido/a ☐
3. bonito/a ☐
4. triste ☐
5. mejor ☐

a. aburrido/a
b. alegre
c. precioso/a
d. peor
c. feo/a

18

Practica más 9

Unidades 17 y 18

1. Lee los anuncios y completa el hueco con la profesión correspondiente.

> conductor – cocinero/a – profesor/a
> agente de turismo – vendedor

A Se necesitan _____ de automóviles para exposición. Con mucha experiencia. Edad entre 25 y 35 años. Llamar al tel.: 91-435 82 65

B _____ para restaurante vegetariano, zona Centro. Titulación y experiencia. Enviar CV con foto a Restaurante Europa, C/ Alicante, 15, 3.º D, Madrid 29001.

C Agencia de viajes necesita _____. Titulado, con amplio dominio de inglés y alemán. Enviar *curriculum vitae* a tours@hotmail.com

D _____ con experiencia y conocimientos de mecánica. Enviar currículo a mercauto@yahoo.com

E _____ de piano y solfeo con titulación precisa escuela de música. Con experiencia. Llamar urgentemente de 11.30 a 13.30. Tel.: 683 24 56 06.

2. En qué anuncios piden:

1. Titulación   ☐ ☐ C
2. Enviar *curriculum vitae*   ☐ ☐ ☐
3. Experiencia   ☐ ☐ ☐ ☐
4. Idiomas   ☐
5. Conocimientos de mecánica   ☐

3. Completa la tabla.

el periodista	*la periodista*
2. el	la peluquera
3. el dependiente	....
4. el	la guía
5. el conductor	....
6. el	la programadora
7. el	la taxista
8. el	la jueza

4. ¿Dónde trabaja cada uno de los anteriores profesionales?

1. *En un periódico.*
2. _____
3. _____
4. _____
5. _____
6. _____
7. _____
8. _____

5. ¿Cuánto tiempo lleva sucediendo esto?

1. Ahora está lloviendo. Empezó hace dos horas.
   Lleva lloviendo dos horas.

2. Alberto está estudiando inglés. Empezó hace dos años.

   _____

3. Estoy aprendiendo a conducir. Empecé en diciembre.

   _____

4. Irene y Julián están buscando trabajo. Empezaron en verano.

_____

5. María está trabajando en Sevilla. Empezó el 20 de febrero.

_____

6. Mi hermano y yo vivimos en Salamanca. Nos fuimos el curso pasado.

_____

7. Estoy escribiendo una novela. Empecé hace seis meses.

_____

6. Relaciona.

1. Yo creo que ☐
2. Yo pienso ☐
3. A mí me molesta ☐
4. A mí me molestan ☐
5. A ellos no les importan ☐
6. *A mí no me importa* ☐ D
7. A mí me gusta ☐
8. A nosotros nos gustan ☐

a . la gente que habla muy alto en los bares y en la calle.

b . los problemas de otros países.

c . la comida española es muy rica y variada.

d . *lo que digan de mí.*

e . que mucha gente no tiene conciencia ecologista.

f . mucho los ruidos de la calle.

g . los jóvenes que son rebeldes e inconformistas.

h . ir al campo los fines de semana.

7. Pregunta cuánto tiempo llevan sucediendo estas cosas.

1. Está lloviendo.

   ¿Cuánto tiempo lleva lloviendo?

2. Julia toca la flauta.

   _____

3. Me duele la espalda.

_____

4. Juan vive en el campo.

_____

5. Mis amigos cantan en un coro.

_____

6. Antonio y yo jugamos en el mismo equipo.

_____

7. Estoy trabajando en Málaga.

_____

8. Completa la postal con los verbos del recuadro en el tiempo adecuado. Sobran dos verbos.

> ~~estar~~ (x 4) – ser (x 2) – ver – comprar
> andar – hacer – llegar – recibir

Queridos hermanos:

¿Qué tal estáis? Ahora (1) estamos en Salvador de Bahía, (2)_____ una ciudad preciosa. Lo más bonito es el barrio colonial, que (3)_____ muy bien conservado. Ahí (4)_____ muchas cosas de artesanía. Ayer (5)_____ en las cataratas de Iguazú desde el lado argentino e (6)_____ la excursión en la lancha rápida: (7)_____ muy divertido porque nos mojamos mucho, pero a veces yo tenía un poco de miedo. Ya (8)_____ las fotos cuando (9)_____ a casa. ¿Y qué tal vosotros? Esperamos que (10)_____ bien.

Un abrazo, Juanjo y Yolanda

Glosario

UNIDAD 1

ama de casa (n.) _____
actriz (n. f.) _____
bailar (v.) _____
cafetería (n. f.) _____
calle (n. f.) _____
camarero/a (n.) _____
cantante (n.) _____
cartero/a (n.) _____
casado/a (adj.) _____
ciclista (n.) _____
clase (n. f.) _____
comer (v.) _____
conocer (v.) _____
de (prep.) _____
dedicarse (v. r.) _____
dirección (n. f.) _____
en (prep.) _____
encantado/a (adj.) _____
escritor/a (n.) _____
escuela (n. f.) _____
este/esta (pron.) _____
flamenco (n. m.) _____
frase (n. f.) _____
futbolista (n.) _____
gimnasio (n. m.) _____
gracias (n.) _____
hospital (n. m.) _____
instituto (n. m.) _____
jugar (v.) _____
médico/a (n.) _____
ministro/a (n.) _____
mucho gusto _____
novio/a (n.) _____
nuevo/a (adj.) _____
número (n. m.) _____
peluquero/a (n.) _____
pero (conj.) _____
policía (n.) _____
presentar (v.) _____
presidente/a (n.) _____
restaurante (n. m.) _____
secretario/a (n.) _____
soltero/a (adj.) _____
taxista (n.) _____

teléfono (n. m.) _____
tener (v.) _____
torero (n.) _____
trabajar (v.) _____
urgencias (n.) _____
vivir (v.) _____

UNIDAD 2

abuelo/a (n.) _____
amigo/a (n.) _____
año (n. m.) _____
banco (n. m.) _____
casa (n. f) _____
cenar (v.) _____
chico/a (n.) _____
coche (n. m.) _____
cuadro (n. m.) _____
cuánto/a/os/as (pron.) _____
debajo (adv.) _____
delante (adv.) _____
detrás (adv.) _____
dibujar (v.) _____
encima (adv.) _____
entre (prep.) _____
familia (n. f.) _____
foto (n. f.) _____
gafas (n. f. p) _____
gato/a (n.) _____
gente (n. f.) _____
guitarra (n. f.) _____
hacer (v.) _____
hermano/a (n.) _____
hijo/a (n.) _____
hora (n. f.) _____
horario (n. m.) _____
hotel (n. m.) _____
madre (n. f.) _____
mapa (n. m.) _____
más (adv.) _____
mesa (n. f.) _____
mi/mis (adj.) _____
minuto (n. m.) _____
mujer (n. f.) _____
ordenador (n. m.) _____
padre (n. m.) _____
país (n. m.) _____
paraguas (n. m.) _____
pequeño/a (adj.) _____
por (prep.) _____
primo/a (n.) _____
reloj (n. m.) _____
segundo (adj.) _____
semana (n. f.) _____
silla (n. f.) _____
sofá (n. m.) _____
tarde (n. f.) _____
televisión (n. f.) _____
tienda (n. f.) _____
tío/a (n.) _____
tu/tus (adj.) _____
ventana (n. f.) _____
zapatilla (n. f.) _____

UNIDAD 3

acostarse (v. r.) _____
afeitarse (v. r.) _____
alguno/a (pron.) _____
asignatura (n. f.) _____
autobús (n. m.) _____
azafata (n. f.) _____
baile (n. m.) _____
ballet (n. m.) _____
beber (v.) _____
bombero (n.) _____
bueno/a (adj.) _____
café (n. m.) _____
casarse (v. r.) _____
cocinero/a (n.) _____
colegio (n. m.) _____
comida (n. f.) _____
dependiente/a (n.) _____
desayunar (v.) _____
desde (prep.) _____
desear (v.) _____
después (adv.) _____
domingo (n. m.) _____
dormir (v.) _____
ducharse (v. r.) _____
edad (n. f.) _____
enfermero/a (n.) _____
entrar (v.) _____
fiesta (n. f.) _____
gustar (v.) _____
hasta (prep.) _____
huevo (n. m.) _____
ir (v.) _____
jueves (n. m.) _____
leche (n. f.) _____
levantarse (v.) _____
lunes (n. m.) _____
madrugada (n. f) _____
magdalena (n. f.) _____
mantequilla (n. f.) _____
mañana (n. f.) _____
martes (n. m.) _____
menos (adv.) _____
mermelada (n. f.) _____
miércoles (n. m.) _____
naranja (n. f.) _____
queso (n. m.) _____
sábado (n. m.) _____
semana (n. f.) _____
siempre (adv.) _____
también (adv.) _____
té (n. m.) _____
temprano (adv.) _____
terminar (v.) _____
tomate (n. m.) _____
tostada (n. f.) _____
todo/a (adj.) _____
tomar (v.) _____
tren (n. m.) _____
vacaciones (n. f. p.) _____
vecino/a (n.) _____
ver (v.) _____

viernes (n. m.) _____
volver (v.) _____
zumo (n. m.) _____

UNIDAD 4

aparcar (v.) _____
armario (n. m.) _____
arriba (adv.) _____
ascensor (n. m.) _____
bajo/a (adj.) _____
bañera (n. f.) _____
baño (n. m.) _____
chalé (n. m.) _____
cine (n. m.) _____
ciudad (n. f.) _____
cocina (n. f.) _____
comedor (n. m.) _____
cuarto (n. m.) _____
derecha (n. f.) _____
doble (adj.) _____
dormitorio (n. m.) _____
espejo (n. m.) _____
fin de semana (n. m.) _____
frigorífico (n. m.) _____
garaje (n. m.) _____
grande (adj.) _____
habitación (n. f.) _____
hay (v. haber) _____
izquierda (n. f.) _____
jardín (n. m.) _____
lámpara (n. f.) _____
lavabo (n. m.) _____
llave (n. f.) _____
microondas (n. m.) _____
nevera (n. f.) _____
patio (n. m.) _____
piscina (n. f.) _____
plano (n. m.) _____
planta (n. f.) _____
salón (n. m.) _____
sillón (n. m.) _____
simpático/a (adj.) _____
supermercado (n. m.) _____
tarjeta de crédito (n. f.) _____

UNIDAD 5

agua (n. f.) _____
andar (v.) _____
animal (n. m.) _____
arroz (n. m.) _____
azúcar (n.) _____
bicicleta (n. f) _____
caminar (v.) _____
carne (n. f.) _____
carta (n. f.) _____
cerveza (n. f.) _____
chuleta (n. f.) _____
cine (n. m.) _____
comedia (n. f.) _____
cordero (n. m.) _____
deporte (n. m.) _____
discoteca (n. f.) _____

ensalada (n. f.) _____
flan (n. m.) _____
fruta (n. f.) _____
fútbol (n. m.) _____
gazpacho (n. m.) _____
hielo (n. m.) _____
jamón (n. m.) _____
judías verdes (n.) _____
limón (n. m.) _____
merluza (n. f.) _____
montar (v.) _____
música (n. f.) _____
nadar (v.) _____
partido (n.m) _____
patata (n. f.) _____
plátano (n. m.) _____
plato (n. m.) _____
playa (n. f.) _____
película (n. f.) _____
pescado (n. m.) _____
pollo (n. m.) _____
postre (n. m.) _____
receta (n. f.) _____
sopa (n. f.) _____
ternera (n. f.) _____
tortilla (n. f.) _____
viajar (v.) _____
vino (n. m.) _____

UNIDAD 6

alquilar (v.) _____
apagar (v.) _____
aquí (adv.) _____
antes (adv.) _____
barrio (n. m.) _____
billete (n. m.) _____
cambiar (v.) _____
céntrico (adj.) _____
cerca (adv.) _____
coger (v.) _____
comunicado (adj.) _____
dato (n. m.) _____
deberes (n.pl.) _____
encender (v.) _____
enfrente (adv.) _____
enseguida (adv.) _____
estación (n. f.) _____
extraña (adj.) _____
frío (adj.) _____
informe (n. m.) _____
lejos (adv.) _____
lento (adj.) _____
línea (n. f.) _____
mal (adv.) _____
malo (adj.) _____
metro (n. m.) _____
necesitar (v.) _____
nota (n. f.) _____
parada (n. f.) _____
perdonar (v.) _____
plaza (n. f.) _____
poder (v.) _____

preparar (v.) _____
prestar (v.) _____
rápido/a (adj.) _____
recto/a (adj.) _____
reunión (n. f.) _____
ruido (n. m.) _____
ruidoso/a (adj.) _____
seguir (v.) _____
sencillo/a (adj.) _____
sentarse (v. r.) _____
taxi (n. m.) _____
tomar (v.) _____
torcer (v.) _____
tranquilo/a (adj.) _____
vale _____

UNIDAD 7

alegre (adj) _____
amarillo/a (adj.) _____
antipático (adj.) _____
azul (adj.) _____
bañador (n. m.) _____
barba (n. f.) _____
bigote (n. m.) _____
blanco/a (adj.) _____
cabeza (n. f.) _____
callado/a (adj.) _____
calvo/a (adj.) _____
claro/a (adj.) _____
conmigo _____
corto/a (adj.) _____
de acuerdo _____
dejar (v.) _____
delgado/a (adj.) _____
dígame (v.) _____
educado/a (adj.) _____
estupendo _____
generoso/a (adj.) _____
gordo/a (adj.) _____
hablador/a (adj.) _____
largo/a (adj.) _____
lavarse (v. r.) _____
lo siento _____
mejor (adj.) _____
momento (n. m.) _____
moreno/a (adj.) _____
ojo (n. m.) _____
oscuro/a (adj.) _____
peinarse (v. r.) _____
pelo (n. m.) _____
pelota (n. f.) _____
periódico (n. m.) _____
piel (n. f.) _____
puerta (n. f.) _____
quedar (v.) _____
recado (n. m.) _____
rojo/a (adj.) _____
rubio/a (adj.) _____
secarse (v. r.) _____
señor/a (n.) _____
simpático/a (adj.) _____
sol (n. m.) _____

sombrero (n. m.) _____
sombrilla (n. m.) _____
toalla (n. f.) _____
tumbona (n. f.) _____
último/a (adj.) _____
venga _____
verde (adj.) _____

UNIDAD 8

acabar (v.) _____
así es _____
atender (v.) _____
ayer (adv.) _____
calor (n. m.) _____
cansado/a (adj.) _____
concierto (n. m.) _____
correos (n.) _____
cumpleaños (n. m) _____
diferente (adj.) _____
encontrar(se) (v.) _____
enfermo/a (adj.) _____
farmacia (n. f.) _____
final (n. m.) _____
girar (v.) _____
iglesia (n. f.) _____
invierno (n. m.) _____
llegar (v.) _____
llover (v.) _____
nevar (v.) _____
nublado (adj.) _____
otoño (n. m.) _____
primavera (n. f.) _____
tiempo (n. m.) _____
verano (n. m.) _____
viento (n. m.) _____
visitar (v.) _____

UNIDAD 9

aburrido/a (adj.) _____
ancho/a (adj.) _____
anillo (n. m.) _____
antiguo/a (n. m.) _____
ayudar (v.) _____
barato/a (adj.) _____
bolso (n. m.) _____
camisa (n. f.) _____
camiseta (n. f.) _____
caro/a (adj.) _____
chaqueta (n. f.) _____
cliente/a (n.) _____
collar (n. m.) _____
conocer (v.) _____
contaminado/a (adj.) _____
corbata (n. f.) _____
costar (v.) _____
divertido/a (adj.) _____
efectivo (adj.) _____
estrecho/a (adj.) _____
estresante (adj.) _____
falda (n. f.) _____
habitante (n. m.) _____

limpio/a (adj.) _____
llevar (v.) _____
marrón/ones (adj.) _____
mayor (adj.) _____
medias (n. f. pl.) _____
mejor (adj.) _____
menor (adj.) _____
moderno/a (adj.) _____
montaña (n. f.) _____
morado/a (adj.) _____
negro/a (adj.) _____
pantalones (n. m. pl.) _____
playeras (n. f. pl) _____
pendientes (n. m.) _____
peor (adj.) _____
precioso/a (adj.) _____
rico/a (adj.) _____
ropa (n .f.) _____
rosa (adj.) _____
seguro/a (adj.) _____
tienda (n. f.) _____
rebajado/a (adj.) _____
sucio/a (adj.) _____
vaqueros (n. pl.) _____
zapato (n. m.) _____

UNIDAD 10

aconsejar (v.) _____
ahorrar (v.) _____
aspirina (n. f.) _____
autocar (n. m.) _____
brazo (n. m.) _____
cabeza (n. f.) _____
campo (n. m) _____
cara (n. f.) _____
cuello (n. m.) _____
de repente _____
dedo (n. m.) _____
dentista (n.) _____
descansar (v.) _____
doler (v.) _____
entrenar (v.) _____
espalda (n. f.) _____
estómago (n. m) _____
feliz (adj.) _____
fiebre (n. f.) _____
garganta (n. f.) _____
gripe (n. f.) _____
hombro (n. m) _____
jugador (n. m.) _____
mano (n. f.) _____
mejorar (v.) _____
mercadillo (n .m.) _____
miel (n. f.) _____
muela (n. f.) _____
oído (n. m.) _____
oreja (n. f.) _____
pecho (n. m.) _____
pie (n. m.) _____
pierna (n. f.) _____
plan (n. m.) _____
rodilla (n. f.) _____

social (adj.) _____
vuelta (n. f.) _____
vida (n. f.) _____

UNIDAD 11

banda (n. f.) _____
capital (n. f.) _____
ciclista (n.) _____
componer (v.) _____
concurso (n. m.) _____
coro (n. m.) _____
crecer (v.) _____
descubrir (v.) _____
entrenar (v.) _____
famoso/a (adj.) _____
fecha (n. f.) _____
grabar (v.) _____
habitante (n.) _____
inventor/a (n.) _____
millonario/a (adj.) _____
nacimiento (n. m.) _____
novela (n. f.) _____
pirámide (n. f.) _____
pisar (v.) _____
población (n. f.) _____
recibir (v.) _____
repertorio (n. m.) _____
sacar (v.) _____
salsa (n. f.) _____
superficie (n. f.) _____
tango (n. m.) _____

UNIDAD 12

abuelo/a (n.) _____
alegre (adj.) _____
amable (adj.) _____
arreglar (v.) _____
boda (n. f.) _____
cariñoso/a (adj.) _____
cuñado/a (n.) _____
divertido/a (adj.) _____
egoísta (adj.) _____
grosero/a (adj.) _____
montar (v.) _____
nervioso/a (adj.) _____
pesado/a (adj.) _____
primo/a (n.) _____
serio/a (adj.) _____
sobrino/a (n.) _____
tranquilo/a (adj.) _____
triste (adj.) _____

UNIDAD 13

alfombra (n. f.) _____
apartamento (n. m.) _____
ascensor (n. m.) _____
calefacción (n. f.) _____
chalé (n. m.) _____
chimenea (n. f.) _____

elecciones (n. f.) _____

espejo (n. m.) _____

gastar (v.) _____

gobierno (n. m.) _____

horno (n. m.) _____

lavabo (n. m.) _____

lavadora (n. f.) _____

limpiar (v.) _____

manta (n. f.) _____

mueble (n. m.) _____

planchar (v.) _____

pared (n. f.) _____

parqué (n. m.) _____

piso (n. m.) _____

puesto (n. m) _____

predicción (n. f.) _____

promesa (n. f.) _____

sanidad (n. f.) _____

techo (n. m.) _____

terraza (n. f.) _____

toalla (n. f.) _____

vecino/a (n.) _____

votar (v.) _____

UNIDAD 14

adolescencia (n. f.) _____

anuncio (n. m.) _____

bronca (n. f.) _____

conductor/a (n.) _____

cruzar (v.) _____

diferencia (n. f.) _____

empresa (n. f.) _____

esquina (n. f.) _____

ganar (v.) _____

garaje (n. m.) _____

guardia (n. f.) _____

imprenta (n. f.) _____

maravilloso/a (adj.) _____

minifalda (n. f.) _____

monjas (n. f.) _____

pastelería (n. f.) _____

piscina (n. f.) _____

preocupado/a (adj.) _____

prisa (n. f.) _____

puntual (adj.) _____

reportaje (n. m.) _____

sierra (n. f.) _____

sueldo (n. m.) _____

sufrir (v.) _____

taller (n. m.) _____

tipógrafo/a (n.) _____

tranvía (n. m.) _____

transporte (n. m.) _____

UNIDAD 15

ahorrar (v.) _____

ajo (n. m.) _____

algo (pron.) _____

alguno (pron.) _____

amplificador (n. m.) _____

aperitivo (n. m.) _____

banqueta (n. f.) _____

batería (n. f.) _____

calamar (n. m.) _____

cebolla (n. f.) _____

cocer (v.) _____

coliflor (n. f.) _____

encuesta (n. f.) _____

fresa (n. f.) _____

freír (v.) _____

intercambiar (v.) _____

judías verdes (n. f.) _____

lechuga (n. f.) _____

machacar (v.) _____

manzana (n. f.) _____

marisco (n. m.) _____

merienda (n. f.) _____

melocotón (n. m.) _____

morcilla (n. f.) _____

nada (pron.) _____

ninguno (pron.) _____

negociable (adj.) _____

óptico/a (adj.) _____

paellera (n. f.) _____

patata (n. f.) _____

pera (n. f.) _____

plátano (n. m.) _____

seminuevo/a (adj.) _____

trocear (v.) _____

uva (n. f.) _____

zanahoria (n. f.) _____

UNIDAD 16

animado/a (adj.) _____

aprovechar (v.) _____

bañador (n. m.) _____

basura (n. f) _____

crema (n. f.) _____

cumplir (v.) _____

deprimido/a (adj.) _____

divertirse (v. r.) _____

enamorado/a (adj.) _____

harto/a (adj.) _____

mejorar (v.) _____

papelera (adj.) _____

peligro (n. m.) _____

precaución (n. f.) _____

protector/a (adj.) _____

protegerse (v. r.) _____

quemadura (n. f) _____

quemarse (v. r.) _____

raro/a (adj.) _____

reservado/a (adj.) _____

revuelto/a (adj.) _____

señal (n. f.) _____

solar (adj.) _____

suficiente (adv.) _____

UNIDAD 17

aplazar (v.) _____

atender (v.) _____

avería (n. f.) _____

condición (n. f.) _____

conductor/a (n.) _____

contestador (n. m.) _____

guía turística (n.) _____

hipnotizador/a (n.) _____

intentar (v.) _____

ladrón/a (n.) _____

mensaje (n.) _____

periodista (n.) _____

pagas (n. f.) _____

perder (v.) _____

prisión (n. f.) _____

programador/a (n.) _____

propina (n. f.) _____

quejarse (v. r.) _____

suceso (n. m.) _____

UNIDAD 18

actor (n. m.) _____

ajedrez (n. m.) _____

colaborar (v.) _____

corrupción (n. f.) _____

crítica (n. f.) _____

cultura (n. f.) _____

desagradable (adj.) _____

desamor (n. m.) _____

equipo (n. m.) _____

emocionante (adj.) _____

interesar (v.) _____

miedo (n. m.) _____

molestar (v.) _____

opinar (v.) _____

póster (n. m.) _____

preocupar (v.) _____

protagonista (n.) _____

vivienda (n. f.) _____

Transcripciones

UNIDAD 1

C. ¿Cuál es tu número de teléfono?

4. Pista 1

  1. A. ¿Su nombre, por favor?
    B. Manuel González Romero.
    A. Muy bien. ¿De dónde es usted, señor González?
    B. Soy español, de Valencia.
    A. ¿Vive en Valencia?
    B. No, ahora vivo y trabajo en Madrid.
    A. ¿A qué se dedica usted?
    B. Soy economista.
    A. Muy bien. Y ¿cuál es su número de teléfono?
    B. Es el 9 1 6 5 4 3 2 0 1.
    A. Muchas gracias.

  2. A. Isabel, ¿cómo te llamas de apellido?
    B. Jiménez Díaz
    A. ¿Jiménez con g o con j?
    B. Con jota.
    A. ¿Y en qué trabajas?
    B. Soy profesora de alemán.
    A. ¿Eres española?
    B. No, soy mexicana, pero ahora vivo aquí en Madrid.
    A. Muy bien, ¿me dices tu número de teléfono?
    B. Sí, es el 6 5 6 7 8 9 8 2 3
    A. Gracias.

UNIDAD 2

C. ¿Qué hora es?

3. Pista 2

En Siria la gente desayuna a las siete o siete y media, muy pronto. Luego, en el trabajo o en la escuela toman un bocadillo y comen en casa a las dos y media o las tres.
La cena normalmente es a las 10 de la noche.
Los niños empiezan las clases a las siete y media y terminan a las doce y media. Luego, por la tarde, hay otros turnos desde las doce y media hasta las cinco.
En cuanto a los bancos, normalmente abren desde las ocho hasta las dos. Algunos bancos abren también los jueves por la tarde.
Las tiendas de comida están abiertas desde las siete y media de la mañana hasta las diez de la noche.

7. Pista 3

Salidas:

- Los pasajeros del vuelo de Varig número 125 (uno, dos, cinco) que tiene la salida a las siete cuarenta deben dirigirse a la puerta de embarque 12 A.
- El vuelo de Aeroperú número 23848 (dos, tres, ocho, cuatro, ocho) tiene la salida prevista a las siete cincuenta y cinco.
- Los pasajeros del vuelo de Lanchile número cero sesenta y cuatro con salida a las doce cero cinco deben dirigirse a la puerta de embarque 9 D.
- Los pasajeros del vuelo de Aerolíneas argentinas 1289 (uno, dos, ocho, nueve) con destino a Buenos Aires y salida a las quince veinte salen de la puerta de embarque 5 B.
- El vuelo de Iberia 576 (cinco, siete, seis) con destino a México sale con una demora de quince minutos y, por tanto, la salida es a las dieciocho treinta y cinco. Pasajeros, diríjanse a la puerta de embarque 7 F.
- El vuelo de Alitalia 027 (cero, dos, siete) con destino a Roma tiene su salida a las veintitrés diez.

UNIDAD 3

C. ¿Qué desayunas?

1. Pista 4

A.	CAMARERO:	Buenos días, ¿qué toman?
	SEÑOR:	Yo quiero un café con leche y una tostada.
	SEÑORA:	¿Tiene zumo de naranja natural?
	CAMARERO:	Sí, claro.
	SEÑORA:	Yo un zumo de naranja y una tostada con mantequilla y mermelada.
B.	CAMARERO:	Buenos días, ¿qué desea?
	SEÑOR:	Quiero dos huevos fritos con beicon.
	CAMARERO:	Lo siento, no tenemos. ¿Quiere un bocadillo?
	SEÑOR:	Sí, por favor, un bocadillo de queso y un café con leche.
C.	CAMARERO:	Buenos días, ¿qué desea?
	SEÑORA:	Buenos días, quiero un té con leche, una magdalena y un zumo de naranja.
	CAMARERO:	Muy bien, ahora mismo.

UNIDAD 4

B. Interiores

7. Pista 5

Mi casa de campo es muy bonita. Tiene tres dormitorios con vistas al jardín. El más grande tiene un pequeño cuarto de baño. Tiene otro cuarto de baño grande al final del pasillo. El salón es muy amplio, con dos grandes ventanas y una chimenea para hacer fuego en invierno. Junto al salón está el comedor y una cocina pequeña donde cocinamos mi marido y yo. Hay un garaje a la entrada. La casa tiene un jardín muy grande con muchos árboles y flores. Tenemos una piscina para bañarnos en verano. Nos gusta mucho ir a nuestra casa en vacaciones.

UNIDAD 6

A. ¿Cómo se va a Plaza de España?

3. Pista 6

– Dígame.
– ¿Marta? Soy Beatriz.
– ¡Hola! ¿Ya estáis en Madrid?
– Sí, estamos en el hotel de la Plaza de España.
– Estupendo, ¿comemos juntas? Mi trabajo está cerca del hotel, si quieres puedes venir andando, tardas unos veinte minutos.
– No, no, dime mejor cómo voy en metro, tengo un plano en la mano.
– Mira estoy en Gran Vía, en la línea 5, sólo hay dos estaciones desde Plaza de España, ¿lo ves?
– Pues no.
– Coge la línea la tres, y en la primera estación cambia a la línea 5.
– ¿En Ventura Rodríguez?
– No, en la otra dirección, en Callao, ¿lo ves?
– Sí, sí.

UNIDAD 7

A. ¿Dónde quedamos?

1. Pista 7

1. MARÍA: ¿Por qué no vamos a tomar algo después de trabajar?
   RICARDO: Lo siento, hoy no puedo, tengo que ir de compras con mi hermano. ¿Te parece bien mañana?
   MARÍA: ¿A qué hora te viene bien?
   RICARDO: ¿A las seis?
   MARÍA: No, mejor a las seis y media.
   RICARDO: De acuerdo. ¡Hasta mañana!

2. DANIEL: ¿Vamos al cine esta noche?
   CARMEN: No puedo, lo siento. Voy a cenar con unos amigos.
   DANIEL: ¿Y si nos tomamos un café antes?
   CARMEN: Bueno, de acuerdo. ¿Vamos al Café Central?
   DANIEL: Estupendo. Nos vemos allí a las cinco.

3. Pista 8

ENTREV: Radio Centro FM. Esta noche en nuestra sección de "Espectáculos" vamos a hablar con Carolina y Pedro, una joven pareja de madrileños que nos van a comentar sus preferencias cuando salen de noche los fines de semana.
ENTREV: ¿Adónde vais normalmente?
PEDRO: Yo prefiero ir a un concierto. Me gusta mucho ir a conciertos de rock, pero Carolina ya está un poco harta. A ella le gusta más ir al teatro. Después, nos

gusta mucho ir a tomar unas tapas y volver a casa dando un paseo.
ENTREV: ¿Y tú, Carolina, qué dices?
CAROL: Me gusta mucho ir al teatro. También me gustan los conciertos de música clásica, excepto la ópera; es demasiado larga. A Pedro le gusta ir a todo tipo de espectáculos musicales, aunque son muy caros. Pero lo que más nos gusta hacer a los dos juntos es ir al cine.

UNIDAD 8

C. ¿Qué tiempo hace hoy?

1. Pista 9

Desde niña, siempre deseé conocer la selva. Este verano estuve en Perú, un país maravilloso.
Al día siguiente de mi llegada a Lima, cogí un avión a Iquitos, preciosa ciudad tropical, como sacada de una película: los mototaxis, los mercados de fruta, las casas… y el río Amazonas.
Después entramos en la selva, dispuestos a pescar pirañas, bañarme en el Amazonas, comer plátano frito…
Más tarde, paramos en un pueblo en medio de la selva. En unos segundos un montón de niños salieron de sus casas y me rodearon con sus rostros sonrientes.
Finalmente, me hice unas fotos con ellos y me despedí muy contenta de llevarme un recuerdo auténtico del Amazonas.

UNIDAD 9

A. ¿Cuánto cuestan estos zapatos?

1 y **2.** Pista 10

1. DEPEND: ¿Puedo ayudarla?
   SEÑORA: Sí, ¿cuánto cuestan estos pendientes?
   DEPEND: 20 euros.
   SEÑORA: ¿Y esos de ahí, los azules?
   DEPEND: Esos están rebajados, cuestan 15 euros.
   SEÑORA: Me los llevo.
   DEPEND: ¿Va a pagar en efectivo o con tarjeta?

2. SEÑORA: Buenos días. ¿Cuánto cuesta la falda roja del escaparate?
   DEPEND: Son 40 euros.
   SEÑORA: ¿Puedo probármela?
   DEPEND: Sí, claro, los probadores están al final del pasillo.
   DEPEND: ¿Qué tal le queda?
   SEÑORA: Pues no me gusta mucho, lo siento, no me la llevo.

3. SEÑORA: Mira esa camiseta verde, sólo cuesta 10 euros.
   CHICA: Me gusta más esta, ¿por qué no te la pruebas?
   SEÑORA: Vale… a ver… ¿Cómo me queda?
   CHICA: Fenomenal.
   SEÑORA: ¿Cuánto cuesta?
   CHICA: Da igual, yo te la regalo.

UNIDAD 11

C. Ganadores

1. Pista 11

GABRIELA MISTRAL, ganadora del Premio Nobel de Literatura. Nació en Chile en 1889. Dedicó más de 16 años de su vida a la enseñanza. Desde 1933 representó a su país como cónsul en Madrid, Lisboa y Los Ángeles. Su poesía ha sido traducida a muchos idiomas. En 1945 recibió el Premio Nobel de Literatura.

PEDRO ALMODÓVAR, ganador de un Oscar. Desde que Pedro Almodóvar dirigió su primera película en 1980, se convirtió en uno de los directores más importantes del cine español. Dirigió más de 15 películas, hasta que en el año 2000, consiguió el Oscar de Hollywood por su obra *Todo sobre mi madre*.

MIGUEL INDURÁIN, ganador del Tour de Francia. Miguel Induráin, el famoso ciclista español, nació en Navarra en 1964. Comenzó su carrera de triunfos con su victoria en la Vuelta a España con sólo 21 años. Más tarde consiguió cinco Tours de Francia consecutivos entre 1991 y 1995.

UNIDAD 13

A. Un lugar para vivir

2. Pista 12

A. Buenos días, ¿en qué puedo ayudarte?

B. Buenos días, estoy buscando un piso o un apartamento de alquiler para este curso.

A. ¿Lo quieres muy céntrico o en un barrio?

B. Mejor céntrico, es que me gusta salir por la noche y no me gustan los autobuses.

A. Sí... bueno, aquí tenemos un apartamento de un dormitorio, muy cerca de la Plaza Mayor, reformado.

B. ¿Cuánto cuesta ese?

A. Son 1.200 € al mes.

B. ¡Qué barbaridad! ¿No tienen otros más baratos?

A. Sí, claro, pero no están en el centro, tienes que coger el autobús o el metro para llegar al centro. Aquí hay uno a 500 € al mes.

B. Ese está bien. ¿Dónde está?

A. En Getafe, a 16 km de Madrid, pero está muy bien comunicado.

B. ¿En Getafe? Bueno, creo que lo pensaré y volveré a preguntar.

B. ¿Qué pasará dentro de 20 años?

1. Pista 13

Ya estoy cansado de esta vida tan desordenada. Para el Año Nuevo voy a hacer una lista de buenos propósitos. Para empezar, saldré sólo los fines de semana, iré a clase todos los días, me levantaré temprano los fines de semana para hacer deporte. Además, no comeré tantas hamburguesas ni tonterías. Tampoco discutiré con mis padres ni mi novia... No copiaré en los exámenes, ayudaré en las tareas de la casa, veré menos la tele... Bueno, creo que está todo.

¡Anda!, ¡si esta lista es exactamente igual que la que hice el año pasado!

UNIDAD 14

A. No había tantos coches

6. Pista 14

JAIME: El curso pasado decidí irme a Inglaterra para perfeccionar mi inglés. Todo fue distinto de lo que yo imaginaba. Enseguida comprendí que vivir fuera de casa no iba a ser fácil.

Mi primera sorpresa fueron los horarios. Las tiendas, los bancos, los museos... cerraban muy pronto: a las seis de la tarde no había nada abierto. Yo estaba acostumbrado a dar un paseo a las seis o las siete de la tarde; a esa hora no había nadie. Estaba solo por la calle.

En invierno se hacía de noche a las cinco. Pasaban días y días sin aparecer el sol, así que siempre tenía que llevar el paraguas por si acaso.

Tardé varios meses en acostumbrarme. Yo soy de Córdoba y echaba de menos el sol y las calles llenas de gente.

Después de un tiempo conocí a un grupo de amigos y empezamos a salir juntos. Por las tardes, después de cenar, íbamos a los *pubs*. Los fines de semana hacíamos alguna excursión. Y cuando hacía sol nos sentábamos a charlar en la hierba de los parques.

Ahora que he vuelto a Córdoba recuerdo esos meses con mucho cariño y nostalgia.

UNIDAD 15

C. Cocina fácil

3. Pista 15

CAMARERO: ¿Qué van a tomar?

ELLA: Yo de primero quiero sopa castellana.

ÉL: Y yo una menestra de verdura.

CAMARERO: Muy bien, ¿y de segundo?

ELLA: ¿Qué tal está el cordero?

CAMARERO: Riquísimo, es de Segovia.

ELLA: Pues yo tomaré cordero.

ÉL: Yo prefiero pescado, tomaré merluza.

CAMARERO: Muy bien, ¿y de beber?

ÉL: Para beber pónganos una botella de vino de la casa y una botella de agua mineral, por favor.

CAMARERO: ¿Vino blanco o tinto?

ÉL: Carmen, ¿tú cuál prefieres?

ELLA: Tinto, mejor ¿no?
ÉL: Sí, una botella de vino tinto.
CAMARERO: Muy bien, ahora mismo.

UNIDAD 16

A. En verano, salud

7. Pista 16

Su carrera empezó en 1997. Desde entonces, Maribel Rojo ha sido portada de revista en varias ocasiones. Ahora disfruta de la fama junto a su marido y su hijo.

ENTREVISTADOR: Maribel, ¿qué haces a diario para cuidarte?

MARIBEL: La verdad es que soy muy disciplinada. Todos los días bebo dos litros de agua, hago ejercicio regularmente, duermo ocho horas diarias.

ENTREVISTADOR: ¿Y sigues alguna dieta especial?

MARIBEL: Bueno, soy vegetariana, pero no estricta. Me gustan mucho las ensaladas, las verduras y la fruta. Y de vez en cuando como algo dulce, soy golosa.

ENTREVISTADOR: Y cuando dices ejercicio, ¿qué ejercicio haces?

MARIBEL: Me gusta jugar al tenis. También doy largos paseos, me gusta mucho andar y me ayuda a dormir mejor.

ENTREVISTADOR: Y esa piel tan estupenda que tienes, ¿la cuidas mucho?

MARIBEL: No creas, no mucho. Todos los días por la mañana me lavo la cara sólo con agua y me pongo crema hidratante y por la noche me limpio bien el cutis antes de acostarme.

UNIDAD 17

C. Excusas

2. Pista 17

A. ¿Cuántos años tienes?

B. 55.

A. ¿Estás casado?

B. Sí, estoy casado y tengo dos hijos.

A. ¿Dónde vives?

B. En la calle Goya. Es una casa bastante grande y luminosa.

A. ¿Qué es lo mejor de vivir en el centro?

B. ¿Lo mejor de vivir en el centro? Puedo ir andando a mi trabajo y hay muchas tiendas cerca de casa.

A. ¿Qué es lo peor?

B. Lo peor es el aparcamiento. Es horroroso.

A. ¿Cuál es tu restaurante favorito?

B. No tengo ningún restaurante favorito. Pero cuando salimos en familia, elegimos un restaurante italiano.

A. ¿Dónde haces la compra?

B. La compra la solemos hacer en un supermercado cerca de casa.

A. ¿Qué haces en tu tiempo libre?

B. En mi tiempo libre, lo que más me gusta es salir de Madrid y andar por el campo.

UNIDAD 18

B. ¿Qué has hecho el fin de semana?

3. Pista 18

ENTREVISTADOR: Estamos haciendo una encuesta sobre los gustos cinematográficos de los jóvenes españoles. Perdona, ¿nos podrías contestar a unas preguntas?

PEDRO: Sí, si no tardas mucho.

ENTREVISTADOR: Es muy breve, enseguida terminamos. ¿Vas mucho al cine?

PEDRO: Normalmente, una o dos veces por semana. En verano suelo ir una vez al mes.

ENTREVISTADOR: ¿Y qué tipo de películas te gustan?

PEDRO: Lo importante es que sean buenas, pero las de ciencia-ficción me encantan.

ENTREVISTADOR: ¿Y qué actor te gusta más?

PEDRO: Uf, es difícil elegir uno. Javier Bardem en sus últimas películas está fantástico.

ENTREVISTADOR: ¿Y tu actriz favorita?

PEDRO: Entre las españolas, la que más me gusta es Penélope Cruz, y del cine internacional, pues... no sé, Julia Roberts, por ejemplo.

ENTREVISTADOR: Elige una entre tus películas favoritas.

PEDRO: Espera un momento que piense. Ah, bueno... *La guerra de las galaxias*. Bueno, también me gustó mucho *El señor de los anillos*.

ENTREVISTADOR: ¿Qué película española has visto últimamente que te haya gustado?

PEDRO: *Mar adentro*. La verdad es que me pareció buenísima.

ENTREVISTADOR: Además de ir al cine ¿qué te gusta hacer en tu tiempo libre?

PEDRO: Me gusta leer, oír música, hacer deporte... y cuando salgo con mis amigos nos gusta sentarnos en una terraza a tomar algo y a charlar.

ENTREVISTADOR: Bueno, pues esto es todo. Muchas gracias.

solucionario

UNIDAD 1

A. ¡Encantado!

1 1. d.; **2.** b.; **3.** c.; **4.** e.; **5.** a.; **6.** f.

2 1. A. ¿De dónde eres? **2.** A. ¡Hola!, ¿qué tal? **3.** A. ¿Eres española? **4.** A. ¿De dónde eres? **5.** A. ¿Cómo te llamas?

3 ¿De dónde eres? / ¿Cómo está usted?.

4 1. A. Hola, ¿cómo te llamas? / B. ¿Eres francesa? / A. No, soy nigeriana. ¿Y tú? **2.** Pablo: María, mira, esta es Susanne. / Susanne: Bien, gracias. / María: ¿De dónde eres? / Susanne: Soy francesa, pero ahora vivo en Madrid. **3.** Rosa: Buenos días, señor Álvarez. / Álvarez: Mire, le presento a la nueva directora, Marta Rodríguez. / Rosa: Encantada de conocerla, Marta. / Marta: gracias, igualmente.

5 País: Perú; Alemania; Irlanda. / Nacionalidad masculino: portugués; marroquí; peruano; bielorruso; mexicano. / Nacionalidad femenino: brasileña; canadiense; alemana; polaca; irlandesa; mexicana.

B. ¿A qué te dedicas?

1 Profesora, médico, cartero, taxista, actriz, camarero, abogada, peluquero.

2 1. Él llama por teléfono todos los días. **2.** Rosa tiene tres hijos. **3.** Ignacio habla inglés y francés. **4.** Nosotros comemos en casa los domingos. **5.** ¿Usted habla ruso? **6.** ¿Vosotros vivís en España? **7.** Ellos viven en París. **8.** Layla estudia en la universidad. **9.** Yo no trabajo ni estudio. **10.** ¿Usted trabaja aquí?

3 **Ser:** soy, eres, es, somos, sois, son. **Tener:** tengo, tienes, tiene, tenemos, tenéis, tienen.

4 1. Elena tiene dos hijos. **2.** Roberto es de Buenos Aires. **3.** ¿De dónde son Jorge y Claudia? **4.** A. ¿Son ustedes americanos? B. No, somos ingleses. **5.** Yo tengo un novio español. **6.** Mi amiga Gisela es brasileña. **7.** A. ¿Tenéis novio? B. Ella sí, pero yo no tengo. **8.** A. ¿Tú eres peruana? B. No, soy boliviana.

5 Posibles respuestas: 1. Luis y yo estudiamos Derecho. 2. Renate es traductora. 3. Yo trabajo en un restaurante. 4. Ángel y Rosa tienen dos hijos.

C. ¿Cuál es tu número de teléfono?

1 a. 4. b. 6. c. 1. d. 2. e. 5. f. 3.

2 a: nueve, uno, tres; cinco, seis, siete; ocho, dos, seis. **b:** Nueve, dos, cinco; cero, siete, tres; nueve, cuatro, uno. **c:** seis, dos, seis, dos, cinco, cuatro; seis, ocho, cinco. **d:** seis, dos, cero; seis, cinco, cuatro; tres, nueve, dos. **e:** nueve, cinco, tres; nueve, ocho, uno; ocho, cinco, seis.

3 once, doce, trece, catorce, quince, dieciséis, diecisiete, dieciocho, diecinueve, veinte.

4 1. Manuel. González Romero. Español. Economista. Madrid.

916543201. **2.** Isabel. Jiménez Díaz. Mexicana. Profesora. Madrid. 656789823.

5 Actividad libre.

6 **A.** (1) me llamo; (2) soy; (3) vivo; (4) tengo; (5) se llama; (6) es; (7) trabaja; (8) estudia; (9) es; (10) vive; (11) es.
B. (12) me llamo; (13) soy; (14) soy; (15) vivo; (16) trabajo; (17) Soy; (18) viven.
C. (19) es; (20) Tiene; (21) es; (22) trabaja; (23) Habla; (24) es.

UNIDAD 2

A. Familias

1 1. f; **2.** a; **3.** e; **4.** b; **5.** c; **6.** d.

2 **Laura:** (1) se llama; (2) es; (3) tiene; (4) es; (5) es; (6) es; (7) tiene.
Pablo: (1) Tengo; (2) es; (3) tiene; (4) es; (5) tiene; (6) se llama; (7) es; (8) se llama; (9) es.

3 Mercedes: abuela; Miguel: marido; Jorge: yerno; Jorge: tío; Marisa: madre; Marisa: mujer; José Luis: abuelo; Miguel y Marisa: padres; José Luis y Mercedes: abuelos.

4 1. Rosa y María son colombianas. **2.** Mis padres son profesores. **3.** Nosotros tenemos gatos. **4.** Ellos están casados. **5.** Estos hoteles son caros. **6.** ¿Tus compañeros son españoles? **7.** Estos chicos son estudiantes. **8.** ¿Tus bolígrafos son nuevos? **9.** Las ventanas están abiertas.

B. ¿Dónde están mis gafas?

1 mapa, libro, coche, móvil, reloj, sofá, gafas, silla, diccionario, paraguas, ordenador.

2 1. al lado de; **2.** encima de; **3.** entre; **4.** debajo de; **5.** encima de; **6.** detrás; **7.** en; **8.** encima de.

3 1. Este es mi hermano. **2.** Estos son mis padres. **3.** ¿Esta es tu madre? **4.** Estos son sus tíos. **5.** Estos son tus libros. **6.** Estas son mis hermanas. **7.** Estos son sus abuelos. **8.** ¿Este es su teléfono?

C. ¿Qué hora es?

1 1. las dos y media; **2.** las nueve menos veinte; **3.** las nueve y diez; **4.** las doce en punto; **5.** las diez y cuarto; **6.** las tres y veinticinco; **7.** las seis menos diez; **8.** las once menos cuarto.

2 **a.** veinticinco; **b.** ochenta y siete; **c.** noventa y cuatro; **d.** ciento tres; **e.** ciento quince. **f.** doscientos treinta; **g.** trescientos veintiuno; **h.** cuatrocientos cuarenta y seis; **i.** quinientos treinta y cinco; **j.** mil doscientos doce; **k.** mil novecientos treinta y seis; **l.** mil novecientos noventa y ocho; **ll.** dos mil quinientos cincuenta.

3 Desayuno: siete o siete y media. Comida: dos y media o tres. Cena: diez de la noche. Clases: empiezan a las siete y media. Bancos: abren a las ocho y cierran a las dos. Tiendas: abren a las siete y cierran a las diez de la noche.

4 Actividad libre.

5 **1.** F; **2.** V; **3.** F; **4.** V.

6 **1.** Mi hermana es muy simpática. **2.** ¿Tú vives con tus padres? **3.** ¿Dónde viven tus padres? **4.** Mi hermano mayor es médico. **5.** Mi marido trabaja en una empresa alemana. **6.** Mi abuelo vive con mis padres. **7.** ¿Tus hijos estudian en la universidad?

7 Río de Janeiro: 7.40. Lima: 23848. Santiago: 9 D. Buenos Aires: 15.20. México: 7 F. Roma: 027.

8 **1.** Mis padres son italianos. **2.** ¿Dónde están mis lápices? **3.** Enrique tiene dos relojes. **4.** El diccionario está encima de la mesa. **5.** La ventana está abierta. **6.** Es la una y cuarto. **7.** Este sofá es muy cómodo. **8.** En mi país la gente cena a las diez.

PRACTICA MÁS 1

1 **A.** yo, trabajo, como, vivo; tú trabajas, comes, vives; él trabaja, come, vive; nosotros trabajamos, comemos, vivimos; vosotros trabajáis, coméis, vivís; ellos trabajan, comen, viven.
B. tengo, tienes, tiene, tenemos, tenéis, tienen; soy, eres, es, somos, sois, son.

2 **1.** tienen; **2.** es, es, trabaja; **3.** comemos; **4.** vive; **5.** Tiene. **6.** son, trabajan; **7.** es, vive; **8.** trabajan; **9.** tenemos; **10.** son, viven.

3 Masculino: ordenador, mapa, sofá, diccionario, libro, móvil, cuaderno, hotel, chico. Femenino: silla, gafas, televisión, mesa, ventana.

4 **1.** ¿De dónde eres? **2.** ¿Eres español? **3.** ¿Dónde vivís? **4.** ¿A qué te dedicas? **5.** ¿Dónde trabajas? **6.** ¿Cómo te llamas? **7.** ¿Sois madrileñas? **8.** ¿Estás casada? **9.** ¿Tienes hijos?

5 **1.** las mesas, **2.** los relojes, **3.** los hombres, **4.** las mujeres, **5.** los paraguas, **6.** los estudiantes, **7.** las abuelas, **8.** los padres, **9.** los autobuses, **10.** los móviles.

6 **1.** tu, **2.** mis, **3.** tu, **4.** tus, **5.** sus, **6.** su, **7.** su, **8.** mi.

7 **1.** diez, once, doce, trece, catorce, quince, dieciséis. **2.** veinte, treinta, cuarenta, cincuenta, sesenta, setenta. **3.** cien, doscientos, trescientos, cuatrocientos, quinientos, seiscientos, setecientos, ochocientos, novecientos, mil.

8 **1.** buenos, **2.** inglesa, **3.** viven, **4.** trabajo, **5.** peluquera, **6.** son, **7.** tienen, **8.** es, **9.** italianas, **10.** come, **11.** El, **12.** Este.

UNIDAD 3

A. Rosa se levanta a las siete

1 **1.** María se baña por la mañana. **2.** Jorge se levanta muy tarde. **3.** ¿Tú te acuestas antes de las 12? **4.** Mi novio no se afeita todos los días. **5.** Clarita se peina sola. **6.** Yo me acuesto antes que mi mujer. **7.** Mis padres se levantan temprano. **8.** Peter se sienta en la última fila.

2 **1.** a. **2.** desde, de, hasta, de. **3.** de, a. **4.** a, en, a. **5.** A. **6.** de, a. **7.** por, al. **8.** de. **9.** por, por.

3 **1.** c., **2.** a., **3.** f., **4.** b., **5.** e., **6.** d.

4 Me acuesto, te acuestas, se acuesta, nos acostamos, os acostáis, se acuestan. Vuelvo, vuelves, vuelve, volvemos, volvéis, vuelven. Voy, vas, va, vamos, vais, van.

5 voy, cierra, empezamos, salgo, venís, cierro, vengo, empieza, salen.

6 **1.** A. vienes, B. Vengo, voy, cierran. **2.** A. Vamos, B. acuesto. **3.** A. empieza, B. acuesto. **4.** A. volvemos, B. vamos.

B. ¿Estudias o trabajas?

1 **1.** LUNES, **2.** MARTES, **3.** MIÉRCOLES, **4.** JUEVES, **5.** VIERNES, **6.** SÁBADO, **7.** DOMINGO.

2 **1.** b, **2.** a, **3.** d, **4.** f, **5.** c, **6.** g, **7.** e.

3 **1.** c., **2.** e., **3.** d., **4.** f., **5.** g., **6.** b., **7.** a.

4 **1.** el aeropuerto. **2.** trabaja en un supermercado. **3.** son enfermeras y trabajan en un hospital. **4.** es secretaria y trabaja en una oficina. **5.** trabajan en un.

5 **1.** se levanta. **2.** se ducha. **3.** desayuna. **4.** lleva al colegio. **5.** Trabaja. **6.** Recoge. **7.** Va a nadar. **8.** Cena. **9.** Lee.

6 de, soy, trabajo, muy, porque, cantantes, semanas, y, fines, salgo, el, cine.

C. ¿Qué desayunas?

1 A. Café con leche y tostada. B. Zumo de naranja y tostada con mantequilla y mermelada. / Bocadillo de queso y café con leche. / Té con leche, una magdalena y un zumo de naranja.

2 **1.** b.; **2.** a.; **3.** b.

4 **1.** A las dos de la tarde. **2.** Porque duermen la siesta. **3.** No, porque están cerradas las tiendas.

UNIDAD 4

A. ¿Dónde vives?

1 **1.** jardín, **2.** cocina, **3.** cuarto de baño, **4.** comedor, **5.** dormitorio, **6.** garaje, **7.** salón.

2 **1.** En el primero izquierda. **2.** En el cuarto derecha. **3.** En el tercero C. **4.** En el segundo izquierda. **5.** En el décimo derecha.

4 **1.** baño, cocina. **2.** dormitorios. **3.** garaje. **4.** jardín.

B. Interiores

1 **Cocina:** armarios, lavavajillas, mesa, microondas. **Cuarto de baño:** lavabo, espejo, bañera. **Salón:** sillones, equipo de música, mesa.

2 **1.** el. **2.** La. **3.** Los. **4.** el. **5.** las. **6.** El, la.

3 **1.** una, **2.** una, **3.** un, **4.** unos, **5.** un, **6.** unos, **7.** un.

4 **1.** las; **2.** un, una; **3.** un; **4.** La, la; **5.** Los; **6.** la.

5 **1.** Cerca de mi casa hay un restaurante. **2.** El Museo Picasso está en Barcelona. **3.** Bilbao está cerca de Santander. **4.** Hay una estación junto a mi casa. **5.** Al lado de la habitación hay un cuarto de baño. **6.** Encima del espejo está el lavabo. **7.** El ordenador está en la habitación de mi hermano.

6 **1.** está. **2.** Hay. **3.** están. **4.** hay. **5.** está. **6.** Hay. **7.** tienen. **8.** está. **9.** Tiene.

7 1. F: La casa de Carmen está en el campo. **2.** Verdadera. **3.** F: El salón tiene chimenea. **4.** Verdadera. **5.** F: La casa tiene garaje. **6.** F: El jardín es muy grande. **7.** F: En la casa hay una piscina.

8 (1) grande, (2) Está, (3) en, (4) quinta, (5) tiene, (6) dormitorios, (7) cocina, (8) el, (9) porque, (10) televisión, (11) librería.

C. En el hotel

1 1, e; 2, b; 3, d; 4, c; 5, f; 6, a; 7, g.

2 1. ¿Puede decirme si hay habitaciones libres para el próximo fin de semana? **2.** ¿Qué precio tiene? **3.** ¿El uso de la piscina está incluido en el precio?

3 1. En Córdoba. **2.** Que es estupendo. **3.** Restaurante, piscina, pistas de tenis, etcétera. **4.** La Mezquita. **5.** Sevilla. **6.** Cenar en el restaurante del hotel.

PRACTICA MÁS 2

1 1. c.; **2.** a.; **3.** e.; **4.** g.; **5.** b.; **6.** d.; **7.** f.

2 1. se acuesta. **2.** empiezo. **3.** vuelves. **4.** me levanto. **5.** se sienta. **6.** vamos. **7.** vengo. **8.** salgo. **9.** volvemos. **10.** va. **11.** empiezan. **12.** me acuesto. **13.** duerme. **14.** viene. **15.** me siento. **16.** se duchan. **17.** vuelvo.

3 (1) viven, (2) es, (3) Se levanta, (4) desayuna, (5) sale, (6) Va, (7) se levanta, (8) empieza, (9) Va, (10) come, (11) va, (12) sale, (13) vuelve, (14) practican, (15) cenan, (16) ven, (17) se acuestan.

4 (1) a, (2) de, (3) de, (4) a, (5) en, (6) de, (7) a, (8) en, (9) a, (10) hasta.

5 Actividad libre.

6 1. g.; **2.** a.; **3.** b.; **4.** e.; **5.** c.; **6.** h.; **7.** d.; **8.** f.

7 2. el dependiente, **3.** el presidente, **4.** la recepcionista, **5.** la cocinera, **6.** el médico, **7.** la estudiante, **8.** el periodista.

8 ¿Dónde está el cuarto de baño? / ¿Dónde hay un supermercado? / ¿Dónde está la parada del autobús n.º 5? / ¿Dónde hay una silla para sentarme? / ¿Dónde está la casa de Miguel? / ¿Dónde hay una estación de metro? / ¿Dónde están los libros de Julia?

9 habitaciones libres; doble; precio; por noche; habitación; reserva.

UNIDAD 5

A. Comer fuera de casa

1 **Amalia: 1.** judías verdes, **2.** ensalada, **3.** arroz, **4.** huevos, **5.** fruta. **Juan: 1.** pescado, **2.** carne, **3.** pollo asado, **4.** queso, **5.** tortilla de patatas.

2 1. merluza, **2.** flan, **3.** judías, **4.** espárragos, **5.** escalope.

3 1. De postre fruta del tiempo para los dos. **2.** Yo quiero sopa de fideos de primero. **3.** De segundo quiero merluza. **4.** Y yo ensalada. **5.** Pues yo pollo asado. **6.** Para beber, agua, por favor.

4 Jorge: Yo quiero sopa de fideos de primero. Ana: Y yo ensalada. Jorge: De segundo quiero merluza. Ana: Pues yo pollo asado. Jorge: Para beber, agua, por favor. Ana: De postre, fruta del tiempo para los dos.

B. ¿Te gusta el cine?

1 1. A Carmen le gusta escuchar música clásica. **2.** A Pablo le gusta navegar por Internet. **3.** A los dos les gustan cuidar las plantas. **4.** A Carmen le gusta hacer fotos. **5.** A Pablo le gusta ir al cine. **6.** A Carmen le gusta leer. **7.** A Pablo le gusta ver la televisión. **8.** A Carmen le gusta esquiar. **9.** A Pablo le gusta montar en bicicleta. **10.** A Carmen le gusta estar con animales.

2 Actividad libre.

3 1. ¿A tus amigos les gusta la informática? **2.** ¿A ti y a tu compañero os gusta el ciclismo? **3.** ¿Te gustan los animales? **4.** ¿A tu amigo le gusta ver la televisión? **5.** ¿Te gusta el cine de terror? **6.** ¿Te gusta la paella?

C. Receta del caribe

1 trabaja, trabaje; come, coma; abre, abra; bebe, beba.

2 1. Lava, **2.** Corta, **3.** Añade, **4.** Mezcla, **5.** Sirve.

3 1. Prepara, **2.** Compra, **3.** Elabora, **4.** Usa, **5.** Añade, **6.** Recoge.

4 Actividad libre.

5 1. Aceite de oliva, pan y vino **2.** Desde hace más de cinco mil años. **3.** Porque disminuye el colesterol. **4.** Los pescados azules, las legumbres y las frutas. **5.** En Grecia y en España.

UNIDAD 6

A. ¿Cómo se va a Plaza de España?

1 1. va, coge, bajas, cambias. **2.** se va, Coge, cambias. **3.** va, coges, bajas.

2 1. de, a, de. **2.** de. **3.** a. **4.** De, a. **5.** de, al, en. **6.** a, en. **7.** a. **8.** de, a.

3 1. V, **2.** F, **3.** F.

B. Cierra la ventana, por favor

1 1. g.; **2.** a., **3.** f., **4.** e., **5.** d., **6.** b., **7.** c.

2 1. ¿Puedes poner la televisión? **2.** ¿Puedes hablar más despacio? **3.** ¿Puedes venir aquí? **4.** ¿Puedes hacer los ejercicios? **5.** ¿Puedes cerrar la puerta? **6.** ¿Puedes pedir la cuenta? **7.** ¿Puedes encender la luz?

3 empiezo, empieza; enciendo, enciende; pido, pide; guarda.

4 1. Cierra el libro. **2.** Empieza a trabajar. **3.** Enciende el ordenador. **4.** Christian, siéntate allí. **5.** Siga por aquí. **6.** Pide dinero a tus padres. **7.** Acuéstate pronto. **8.** Levántate ya, son las diez. **9.** Dame un vaso de agua. **10.** Déjame tu coche. **11.** Deme su pasaporte.

5 1. Guarda la ropa limpia en el armario. **2.** Pon la ropa sucia en la lavadora. **3.** Haz la cama. **4.** Coloca los libros en la estantería. **5.** Pon los CD en su sitio.

C. Mi barrio es tranquilo

1 **1.** A; **2.** C; **3.** B; **4.** D.

2 (1) es, (2) es, (3) está, (4) Está, (5) es, (6) es, (7) es, (8) está.

3 **1.** corto, **2.** lento, **3.** bajo, **4.** pequeño, **5.** difícil, **6.** tranquilo.

4 **1.** es, **2.** está, **4.** es rubio, **5.** es, **6.** está al lado, **7.** están, **9.** están.

5 Tren: estación; avión: aeropuerto; barco: puerto; taxi: parada.

6 Actividad libre.

7 (1) cultura, (2) ritmos, (3) salsa, (4) baila, (5) popular, (6) canciones, (7) cantantes.

8 **1.** F., **2.** F., **3.** V., **4.** F.

PRACTICA MÁS 3

1 lechuga, huevo, tomate, naranja, pollo, plátano, limón, queso, jamón, patata.

2 **1.** f.; **2.** a., c.; **3.** e.; **4.** d.; **5.** d., b.; **6.** c.; **7.** a.; **8.** b., c., d., e., f.

3 jugar al fútbol, ver la televisión, escuchar música, bailar, montar en bicicleta, visitar un museo, ir de compras, navegar por Internet, pasear.

4 **1.** A Ana y Raúl les gusta el cine, **2.** A Ana le gusta ir de compras, pero a Raúl no. **3.** A Ana no le gusta la música clásica, pero a Raúl sí. **4.** A Ana no le gusta nadar, pero a Raúl sí. **5.** A Ana y Raúl les gusta leer. **6.** A Ana no le gusta andar, pero a Raúl sí. **7.** A Ana y Raúl les gusta viajar. **8.** A los dos les gusta bailar. **9.** A Ana le gusta navegar por Internet, pero a Raúl no. **10.** A Ana y Raúl no les gustan las motos. **11.** A Ana no le gustan las plantas, pero a Raúl sí. **12.** A Ana no le gusta el fútbol, pero a Raúl sí.

5 **Regulares:** terminar: termina; hablar: habla; abrir: abre; mirar: mira; pasar: pasa; coger: coge; tomar: toma; escribir: escribe; comer: come. **Irregulares:** empezar: empieza; venir: ven; hacer: haz; poner: pon; cerrar: cierra; dar: da; sentarse: siéntate; decir: di; volver: vuelve.

6 Yo vivo en una ciudad muy pequeña y silenciosa. Los edificios son muy antiguos y bajos. Las calles son estrechas y hay pocos coches. El piso donde vivo es grande, y el alquiler barato, porque está lejos del centro. Hay pocas tiendas, pero son baratas para mí.

7 **1.** es; **2.** es, está; **3.** son; **4.** está; **5.** es; **6.** A. están, B. son; **7.** A. estás; **8.** está; **9.** son; **10.** está; **11.** está; **12.** es.

8 **1.** e; **2.** h; **3.** a; **4.** b; **5.** f; **6.** g; **7.** c; **8.** d.

UNIDAD 7

A. ¿Dónde quedamos?

1 **1.** María: ¿Por qué no vamos a tomar algo después de trabajar? Ricardo: Lo siento, hoy no puedo, tengo que ir de compras con mi hermano. ¿Te parece bien mañana? María: ¿A qué hora te viene bien? Ricardo: ¿A las seis? María: No, mejor a las seis y media. Ricardo: De acuerdo. ¡Hasta mañana!
2. Daniel: ¿Vamos al cine esta noche? Carmen: No puedo, lo siento. Voy a cenar con unos amigos. Daniel: ¿Y si nos tomamos un café antes? Carmen: Bueno, de acuerdo. ¿Vamos al Café Central? Daniel: Estupendo. Nos vemos allí a las cinco.

2 Actividad libre.

3 **1.** V; **2.** F; **3.** F; **4.** V; **5.** V; **6.** F.

4 **1.** f; **2.** e; **3.** a; **4.** b; **5.** c; **6.** d.

5 **1.** ¿Está Pilar? **2.** ¿A qué hora puedo llamarla? **3.** ¿Quieres ir al cine mañana? **4.** ¿Quedamos a las seis? **5.** ¿A qué hora quedamos? **6.** ¿Dónde quedamos?

6 **1.** V; **2.** V; **3.** F; **4.** F; **5.** V; **6.** V.

B. ¿Qué estás haciendo?

1 **1.** está pintando; **2.** están jugando; **3.** está mirando; **4.** está descansando; **5.** están viendo; **6.** está saliendo.

2 **1.** como; **2.** Está haciendo; **3.** estás leyendo; **4.** hago; **5.** no hablo; **6.** duermes; **7.** te gusta; **8.** Está trabajando.

3 (1) vive, (2) está pasando, (3) están visitando, (4) están bañándose, (5) tiene, (6) le gusta, (7) están viendo, (8) cenan.

4 **1.** Me estoy preparando para un examen. **2.** ¿Qué estás haciendo ahora? **3.** Están comiendo un bocadillo **4.** Estamos haciendo la cena. **5.** Mi marido está trabajando. **6.** Esta semana está lloviendo mucho. **7.** Mis amigos están viendo un partido de tenis.

5 **1.** María se está lavando la cara. **2.** Luis se está afeitando. **3.** Mi hermano se está duchando. **4.** Yo me estoy peinando. **5.** Susana y Rosa se están pintando los labios. **6.** Miguel se está bañando. **7.** Mi hijo se está peinando.

C. ¿cómo es?

1 **1.** F.; **2.** F., **3.** F., **4.** V., **5.** V., **6.** F., **7.** F.

2 Velázquez: pelo largo, barba, pelo moreno, bigote, mayor, alto. Infanta Margarita: pelo largo, pelo rubio, joven. Meninas: pelo largo, pelo moreno, jóvenes.

3 **1.** generoso, **2.** callado, **3.** antipático, **4.** alegre, **5.** maleducado.

4 Hombre: serio, callado, educado. Mujer: habladora, alegre, simpática.

UNIDAD 8

A. De vacaciones

1 **1.** e., **2.** a., **3.** c., **4.** f., **5.** d., **6.** b.

2 **1.** B. primera a la izquierda. **2.** B. la primera a la derecha. **3.** B. la tercera calle a la izquierda y después la primera a la derecha.

3 **1.** A. ¿Puede decirme cómo se va al parque? B. Gire la primera a la derecha y después la segunda a la izquierda. **2.** A. ¿Puede decirme cómo se va al teatro? B. Sí, la primera calle a la derecha y después la primera a la derecha. **3.** A. ¿Puede decirme cómo se va al restaurante? B. Sí, todo recto y después la segunda calle a la derecha.

4 **1.** en; **2.** hasta, de; **3.** a; **4.** de; **5.** en, a; **6.** En, de. **7.** al, de, de; **8.** a.

5 **a.** 3, **b.** 5, **c.** 1, **d.** 2, **e.** 4.

B. ¿Qué hizo Rosa ayer?

1 fue / comer, comí / escuché, escuchó / leer, leyó / empecé, empezó / estar, estuvo / jugar, jugó / salí, salió / vivir, vivió.

2 1. c. (trabajo / empecé); 2. e. (va / fue); 3. f. (ve / escuchó); 4. b. (van / jugaron); 5. d. (llueve / nevó); 6. a. (hacemos / estuvimos).

3 (1) estuviste; (2) Fui; (3) comisteis; (4) pedimos; (5) pasasteis; (6) pasamos; (7) reímos; (8) Fue.

4 1. ¿A quién llamó por teléfono el jueves? A Tomás. 2. ¿Qué día cogió el tren? El viernes. 3. ¿A qué hora salió el tren? A las 11:30. 4. ¿De quién fue el sábado el cumpleaños? De María. 5. ¿Con quién fue el domingo al cine? Con Tomás. 6. ¿Cuándo vio la nota del examen? El lunes. 7. ¿Adónde fue el martes? Al gimnasio.

C. ¿Qué tiempo hace hoy?

1 (1) estuve, (2) cogí, (3) avión, (4) río, (5) Después, (6) Más tarde, (7) salieron, (8) Finalmente, (9) hice, (10) despedí.

2 1. Al día siguiente me fui a Iquitos. 2. En Iquitos vimos el río Amazonas. 3. En el Amazonas se pescan pirañas. 4. En el pueblo de la selva conocí a un grupo de niños. 5. Me llevé un auténtico recuerdo del Amazonas.

3 1. En México hace calor. Tienen una temperatura de veintinueve grados centígrados. 2. En Argentina está nublado. Tienen una temperatura de quince grados centígrados. 3. En Brasil está lloviendo. Tienen una temperatura de diecisiete grados centígrados.

4 1. 100 millones de habitantes. 2. 4.350 pesos. 3. Octubre, noviembre, diciembre, enero, febrero, marzo. 4. Iberia y Aeroméxico.

PRACTICA MÁS 4

1 1. estoy viendo. 2. ¿Estás estudiando? 3. está haciendo. 4. estamos preparando. 5. Estáis viendo. 6. están jugando.

2 (1) está comprando, (2) está hablando, (3) está preguntando, (4) está enseñando, (5) van, (6) comentan, (7) están, (8) le gusta.

3 1. tocó, 2. ganó, 3. se fueron, 4. viajaron, 5. estuvieron, 6. volvió, 7. vivieron.

4 (1) tocó, (2) celebró, (3) llamé, (4) gastó, (5) fui, (6) compré, (7) pasamos.

5 1. tacaño. 2. antipático. 3. serio. 4. maleducado. 5. habladora.

6 1. En Caracas hace calor. 2. En Lima está nublado. 3. En Santiago de Chile está nevando. 4. En Asunción hace frío. 5. En Brasilia hay viento. 6. En Bogotá hace mucho calor.

7 enero, febrero, marzo, abril, mayo, junio, julio, agosto, septiembre, octubre, noviembre, diciembre.

UNIDAD 9

A. ¿Cuánto cuestan estos zapatos?

1 1. (1) cuánto, (2) cuestan, (3) llevo, (4) con tarjeta. 2. (1) cuesta, (2) Son, (3) probármela, (4) queda, (5) gusta, (6) llevo. 3. (1) cuesta, (2) gusta, (3) queda, (4) Cuánto.

2 Escucha y comprueba.

3 1. ¿Tú lo traes? 2. ¿Tú las ves? 3. ¿Tú los compras? 4. ¿Tú la conoces? 5. ¿Tú lo lees? 6. ¿Tú lo usas?

4 1. Este, corto; 2. Esa, pequeña; 3. Esos, nuevos; 4. Aquellas, cansadas; 5. esta, roja; 6. este; 7. Estas, caras, aquellas, baratas.

5 1. me; 2. la; 3. los; 4. lo; 5. lo; 6. os; 7. te; 8. Nos, os; 9. las.

B. Mi novio lleva corbata

1 Jersey, pantalones, falda, camiseta, calcetines, abrigo, camisa, zapatos.

2 1. monedero; 2. carpeta, negra; 3. grises; 4. gafas, rojas, modernas; 5. pelota, amarilla; 6. azules; 7. rosa; 8. verdes; 9. bufanda, naranja.

C. Buenos Aires es más grande que Toledo

1 1. Aquellos vaqueros son más baratos que estos. 2. Yo soy menor que Juanjo. 3. El coche de Miguel es mejor que el de Ramón. 4. La silla es más incómoda que el sillón. 5. El abrigo es más corto que la falda. 6. Nosotras tenemos más libros que ella.

2 (1) mejor; (2) más; (3) tanta; (4) más; (5) más; (6) tan; (7) mayor.

3 Actividad libre.

4 (1) noroeste, (2) lugar, (3) después, (4) la catedral, (5) empezó, (6) Es, (7) mirar, (8) ambiente, (9) que, (10) encontrar, (11) hay, (12) postre.

UNIDAD 10

A. La salud

1 1. rodilla, 2. dedos, 3. mano, 4. brazo, 5. hombro, 6. cara, 7. ojos, 8. oreja, 9. pelo, 10. cuello, 11. pecho, 12. pierna, 13. pie.

2 1. dedos, 2. oreja, 3. cara, 4. pie, 5. ojos, 6. dedos.

3 1. orejas, 2. bigote, 3. brazos, 4. dientes, 5. ojos, 6. manos, 7. dedos.

4 1. le duele, 2. les duele, 3. me duele, 4. le duelen, 5. te duele, 6. nos duelen.

5 1. Sonia: ¿Qué te pasa Alfonso? ¿Te encuentras bien? 2 . Alfonso: No muy bien. Tengo fiebre. 3. Sonia: ¿Estás tomando algo? 5. Alfonso: No, de momento no. 5. Sonia: ¿Por qué no te tomas una aspirina y descansas? 6. Alfonso: Sí, es lo mejor porque mañana tengo mucho trabajo. 7. Sonia: seguro que mañana estás mejor.

B. Antes salíamos con los amigos

1 1. d. trabajaba; 2. f. íbamos; 3. a. venía; 4. c. compraba; 5. e. me gustaba; 6. b. hacías.

2 1. me encontraba; 2. estaba; 3. iba; 4. tenía; 5. eran, tocaban; 6. subía.

3 (1) Tenía; (2) vivíamos, (3) era, (4) había, (5) teníamos, (6) iba, (7) era, (8) atendía, (9) vivíamos, (10) tomábamos.

4 1. Tenía 90 años. 2. En Trujillo. 3. Era barbero. 4. Comían muchos alimentos naturales, leche recién ordeñada y patatas recogidas del campo.

C. Voy a trabajar en un hotel

1 1. c; 2. b; 3. d; 4. a; 5. e.

2 1. Juan va a lavar el coche. 2. Yo voy a llamar a mis amigos. 3. Ana va a cenar con Pedro. 4. María y Alberto van a pintar su casa. 5. Tomás y yo vamos a arreglar nuestras bicicletas. 6. ¿Vas a ir a la piscina? 7. ¿Vais a venir a comer?

3 (1) va a venir; (2) vamos a ver; (3) vamos a jugar; (4) puedo; (5) voy a lavar.

4 1. f; 2. c; 3. b; 4. a; 5. d; 6. e; 7. g.

5 1. David va a hacer fotos a los leones. 2. Pedro va a volar sobre el Gran Cañón. 3. Alberto y Pablo van a pasear por la plaza Roja. 4. Yo voy a visitar las pirámides. 5. Tú vas a oír flamenco. 6. Mi novio y yo nos vamos a bañar en las playas de Copacabana. 7. Nosotros vamos a conocer las islas griegas.

6 1. F; 2. F; 3. V; 4. F; 5. V; 6. F.

PRACTICA MÁS 5

1 1. Lo; 2. los; 3. Las; 4. Las; 5. La; 6. Los.

2 1. pequeño. 2. caro. 3. oscura. 4. sucia. 5. larga. 6. grande.

3 1. mejor; 2. tan; 3. menos; 4. que; 5. como; 6. mayor, menor; 7. peores; 8. peor; 9. menos; 10. mejores.

4 comía, decía; dibujabas, decías; dibujaba, comía; dibujábamos, comíamos, decíamos; dibujabais, comíais, decíais; dibujaban, comían, decían. // iba, era; ibas, eras; iba, era; íbamos; erais; iban, eran.

5 1. vivían; 2. era, iba; 3. bebíamos; 4. tenían, salían; 5. íbamos; 6. venía, jugaba; 7. estábamos, montábamos; 8. conducía.

6 2. ¿Cuándo van a ir Juanjo y sus amigos al gimnasio? Van a ir al gimnasio el martes y el jueves. 3. ¿Qué se va a comprar? Se va a comprar un coche nuevo. 4. ¿Con quién va a pasar las vacaciones? Va a pasar las vacaciones con Nieves y Lucía. 5. ¿Qué día va a organizar una fiesta? El día de su cumpleaños, el 28 de febrero. 6. ¿Dónde van a jugar Juanjo y Miguel al tenis? Van a jugar en la Casa de Campo. 7. ¿Dónde va a pasar la semana santa? Va a pasar la semana Santa en Londres.

UNIDAD 11

A. ¿Quieres ser millonario?

1 1. ¿Qué está comprando Pedro? 2. ¿Adónde fuiste? 3. ¿Quién arregló el reloj? 4. ¿Qué hicieron para cenar? 5. ¿Adónde os vais de vacaciones? 6. ¿Adónde fueron Rosa y Pablo? 7. ¿Qué sabe tocar Susana? 8. ¿Cuándo viene Lorena? 9. ¿Dónde está el helado? 10. ¿A qué hora es el partido? 11. ¿Qué música te gusta. 12. ¿A qué hora cenas? 13. ¿Quiénes vinieron a verte?

2 1. Cuántos. 2. Cuánta. 3. Cuántas. 4. Cuánto. 5. Cuántos. 6. Cuántas. 7. Cuántos. 8. Cuánta. 9. Cuántos. 10. Cuántos. 11. Cuánto.

3 1. Qué. 2. Qué. 3. Qué. 4. Qué. 5. Qué. 6. Cuál. 7. Cuál. 8. Qué.

4 1. b; 2. c; 3. a; 4. c; 5. b; 6. a.

B. Biografías

1 1. Di Stéfano jugó en el Real Madrid muchos años. 2. Cervantes fue el autor de *El Quijote*. 3. Los Reyes de España se casaron en Grecia. 4. Antonio Banderas y Melanie Griffith se conocieron en el rodaje de una película. 5. García Márquez recibió el Premio Nobel de Literatura en 1982.

2 1. La Guerra Civil española terminó en abril de 1939. 2. Los Beatles consiguieron su primer éxito en enero de 1963. 3. El hombre llegó a la Luna en julio de 1969. 4. Dalí nació en Cataluña en mayo de 1904. 5. La Revolución Francesa comenzó en julio de 1789.

3 (1) nació; (2) se fue; (3) se hizo; (4) perdió; (5) Estuvo; (6) volvió; (7) Se casó; (8) Tuvo; (9) fue; (10) escribió; (11) Murió.

4 (1) quiso; (2) empezó; (3) descubrieron; (4) estudió; (5) gustó; (6) empezó; (7) tuvo; (8) se dedicó; (9) crearon; (10) consiguieron.

C. Ganadores

1 (1) 1889; (2) 16; (3) 1933; (4) 1945; (5) 1980; (6) 15; (7) 2000; (8) 1964; (9) 21; (10) 5; (11) 1991; (12) 1995.

2 1. Gabriela Mistral trabajó como cónsul en Madrid, Lisboa y Los Angeles; 2. Ganó el Premio Nobel de Literatura en 1945; 3. Almodóvar ganó el Oscar con *Todo sobre mi madre*; 4. Miguel Induráin es de Navarra; 5. Cuando ganó la Vuelta a España tenía 21 años.

3 1. En. 2. de. 3. por. 4. En. 5. Desde. 6. Desde, hasta. 7. En.

4 Actividad libre.

5 2. En 1969. 3. En 2000. 4. En 1789. 5. En 1995.

UNIDAD 12

A. Unas vacaciones inolvidables

1 **Regulares:** salí – salió (salir); escribí – escribió (escribir); me levanté – se levantó (levantarse); me acosté – se acostó (acostarse); terminé – terminó (terminar); compré – compró (comprar); comí – comió (comer).

Irregulares: fui – fue (ir); fui – fue (ser); tuve – tuvo (tener); leí – leyó (leer); hice – hizo (hacer); dormí – durmió (dormir); vi – vio (ver); pude – pudo (poder); vine – vino (venir).

2. (1) Me levanté; (2) Volví; (3) me duché; (4) desayuné; (5) salimos; (6) Compré; (7) Me encontré; (8) fuimos; (9) comimos; (10) salimos; (11) fue; (12) estuve.

3. Actividad libre.

4. 1. A. fuiste, B. Fui. 2. pusiste. 3. hicieron. 4. A. hiciste, B. Vi, me acosté. 5. A. compraste, B. Compré. 6. A. vino. 7. A. volviste. 8. estuvieron, llovió, pasaron. 9. fuimos, nos bañamos, hicimos, Fue.

5. (1) Queridos; (2) muy bien; (3) fuimos; (4) luego; (5) Después; (6) y; (7) estuvimos; (8) Fue; (9) es; (10) son; (11) abrazo.

6. 1. El sábado pasado Manolo **fue** al cine. 2. ¿**Te apetece** una cerveza? 3. A. ¿Qué tal el fin de semana? B. Muy bien, fui **a** la discoteca. 4. Anoche yo **vi** la tele hasta las doce de la noche. 5. A los jóvenes españoles **les encanta** salir por al noche. 6. El domingo Fernando se **levantó** a las once de la mañana. 7. A. ¿Vienes al cine? B. Vale, ¿dónde quedamos? C. En la puerta del cine? 8. ¿**A** qué hora volviste ayer a casa?

B. ¿cómo te ha ido hoy?

1. **Viajar:** Yo he viajado; Tú has viajado; Él/ella ha viajado; Nosotros hemos viajado; Vosotros habéis viajado; Ellos/as han viajado.

Conocer: Yo he conocido; Tú has conocido; Él/ella ha conocido; Nosotros hemos conocido; Vosotros habéis conocido; Ellos/as han conocido.

Vivir: Yo he vivido; Tú has vivido; Él/ella ha vivido; Nosotros hemos vivido; Vosotros habéis vivido; Ellos/as han vivido.

Divertirse: Yo me he divertido; Tú te has divertido; Él/ella se ha divertido; Nosotros nos hemos divertido; Vosotros os habéis divertido; Ellos/as se han divertido.

Volver: Yo he vuelto; Tú has vuelto; Él/ella ha vuelto; Nosotros hemos vuelto; Vosotros habéis vuelto; Ellos/as han vuelto.

Ver: Yo he visto; Tú has visto; Él/ella ha visto; Nosotros hemos visto; Vosotros habéis visto; Ellos/as han visto.

2. 1. Ramón ha conocido a una chica; 2. Nosotros hemos vivido en Mallorca un año; 3. ¿Has visto la última de Almodóvar? 4. Nunca he estado en Argentina; 5. Mi hermano ha pasado por mi casa esta mañana; 6. Elena ya se ha ido a la cama; 7. ¿Habéis tenido problemas con el pasaporte? 8. Mis vecinos han llamado a la policía, porque han visto a un ladrón en la escalera; 9. Esta mañana no me he afeitado; 10. La Sra. Pérez ha estado dos veces en el hospital; 11. Juan no ha hecho la cama hoy.

3. Actividad semilibre. 1. Este verano he viajado por Centroamérica; 2. Esta mañana he desayunado café y tostadas; 3. Este mediodía he comido con mi familia; 4. Esta tarde he estado en el parque; 5. Hoy hemos salido de casa; 6. Esta mañana he ido en taxi a la oficina; 7. Esta noche he visto una película muy buena.

4. 1. llega, ha llegado; 2. he trabajado; 3. A. Sales; B. salgo, he salido; 4. comemos, hemos ido; 5. vemos, hemos visto; 6. he hecho, hace; 7. A. has puesto; B. he puesto.

5. (1) llegó; (2) encontró; (3) tenía; (4) he visto; (5) hemos visto; (6) conocimos; (7) enamoramos; (8) he hablado; (9) hemos decidido.

6. 1. De las vacaciones. 2. A una mujer. 3. En un hospital. 4. Es enfermera. 5. 63 años. 6. La vida siempre es más dura de lo que uno se imagina.

C. ¿Qué te chocó más al llegar a España?

1. 1. No se puede jugar a la pelota; 2. Hay que usar gorro de baño; 3. No se puede empujar en el bordillo; 4. Hay que usar gafas de baño; 5. No se puede correr por las instalaciones; 6. Hay que ducharse antes de entrar en el agua.

2. 1. No hay que acostarse tarde; 2. Hay que repasar; 3. No hay que salir por la noche; 4. Hay que dormir ocho horas; 5. No hay que ver la televisión hasta muy tarde; 6. No hay que ponerse nervioso.

PRACTICA MÁS 6

1. 1. d; 2. f; 3. a; 4. b; 5. h; 6. c; 7. g; 8. e.

2. Actividad libre.

3. (1) en; (2) de; (3) de; (4) a; (5) a; (6) a; (7) a; (8) desde; (9) hasta; (10) Por; (11) con; (12) de; (13) Al; (14) por; (15) con; (16) a; (17) a.

4. 1. A Ángel le encanta el chocolate; 2. Susana y Jorge se casan el domingo; 3. ¿Cómo me quedan estos pantalones? 4. Yo no me encuentro bien hoy; 5. ¿Qué le pasa a tu mujer? 6. ¿Tú te pones faldas cortas? 7. Mis hijos se bañan en el río; 8. ¿Qué os parece el plan?

5. (1) nació; (2) Estudió; (3) conoció; (4) Pintó; (5) celebró; (6) recibió; (7) conoció; (8) empezó; (9) vivió; (10) volvió; (11) creó; (12) Murió.

6. A. has trabajado; B. he trabajado; A. Has estado; B. He estado; he viajado; A. Has conocido; B. he conocido.

7. 1. No ha trabajado como guía turística; 2. Ha trabajado en una agencia de viajes; 3. Ha estado en España; 4. No ha viajado por todo el país; 5. No ha conocido a muchos españoles.

8. 1. Ayer Carmen no cenó; 2. Eduardo volvió de Perú el sábado; 3. ¿Cuánto te costó el frigorífico nuevo? 4. Celia dejó Cuba y se instaló en EE UU; 5. El avión de Rosa llegó con retraso; 6. Carlos Gardel tuvo mucho éxito entre las mujeres; 7. ¿Cuándo murió Carlos Gardel? 8. Ayer no compré bastantes limones; 9. ¿Dónde nació Salvador Dalí? 10. ¿Cuál fue la última obra de Dalí?

UNIDAD 13

A. Un lugar para vivir

1. 1. Nos gustaría comprar un piso en la playa; 2. A Lola le gustaría cambiar de trabajo; 3. A mi marido le gustaría trabajar en una orquesta; 4. ¿Te gustaría ir a ver una película? 5. ¿A Vd.

Le gustaría cambiar de coche? **6.** Me gustaría ganar más dinero; **7.** ¿Os gustaría ir de vacaciones a Mallorca?

2 B. Buenos días, este curso; B. céntrico, por la noche; A. un dormitorio; B. ¿Cuánto cuesta; A. 1.200; B. más baratos; A. tienes que coger el autobús, 500; A. 16, comunicado; B. a preguntar.

3 **1.** garaje; **2.** cocina; **3.** cama; **4.** salón; **5.** comedor; **6.** ducha.

4 alfombra, cama, horno, sillón, armario, lavabo, ducha, nevera, silla.

B. ¿Qué pasará dentro de 20 años?

1 **1.** V; **2.** F; **3.** F; **4.** V; **5.** F; **6.** F; **7.** V; **8.** F; **9.** V.

2 **1.** será; **2.** abrirá; **3.** Habrá; **4.** podrán; **5.** tendrán; **6.** estará.

3 **1.** hablará; **2.** firmarán; **3.** repartirá; **4.** viajarán; **5.** podrán; **6.** lloverá; **7.** votará; **8.** pasará; **9.** vendrán.

4 **1.** c; Si fumamos en el autobús, los viajeros protestarán; **2.** e; Si el jefe sube el sueldo a Alberto, se comprará un coche nuevo; **3.** a; Si el despertador no suena, me levantaré tarde; **4.** d; Si mi hija va a la universidad, estudiará Informática; **5.** f; Si hace buen tiempo, iremos a dar un paseo; **6.** b; Si vais a Granada, veréis la Alhambra.

5 **1.** no te olvides; **2.** se enfadará; **3.** daros; **4.** me cansaré; **5.** cierra; **6.** llama; **7.** iremos; **8.** mojarás.

6 **1.** Pedirá ayuda; **2.** El destino les premiará; **3.** Practicar algún deporte; **4.** Problemas económicos; **5.** Encontrarán una pareja.

C. ¿Quién te lo ha regalado?

1 **Sujeto:** Yo, Tú, Él / ella, Nosotros, Vosotros, Ellos/as; **Objeto directo:** Me, Te, Lo / la, Nos, Os, Los / las; **Objeto indirecto:** Me, Te, Le / Se, Nos, Os, Les / Se.

2 **1.** No, se lo daré mañana; **2.** No, se lo contaré mañana; **3.** No, se la llevaré más tarde; **4.** No, se lo devolveré el sábado; **5.** No, se lo explicaré esta noche; **6.** No, me las darán el lunes; **7.** No, me la dará mañana; **8.** No, se lo compraré después de comer; **9.** No, nos los darán el mes que viene; **10.** No, nos las traerán ahora mismo.

3 **1.** la; **2.** lo; **3.** te; **4.** Tú; **5.** Os; **6.** te los; **7.** las; **8.** les; **9.** Yo; **10.** Le, lo.

4 **1.** Dámelo; **2.** Estúdialos; **3.** Regálaselo; **4.** Tráemelas; **5.** Cómpraselo; **6.** Mándaselo; **7.** Dáselas.

UNIDAD 14
A. No había tantos coches

1 **Cantar:** Yo cantaba, Tú cantabas, Él/ella cantaba, Nosotros cantábamos, Vosotros cantabais, Ellos/as cantaban; **Tener:** Yo tenía, Tú tenías, Él/ella tenía, Nosotros teníamos, Vosotros teníais, Ellos/as tenían; **Dormir:** Yo dormía, Tú dormías, Él/ella dormía, Nosotros dormíamos, Vosotros dormíais, Ellos/as dormían; **Ser:** Yo era, Tú eras, Él/ella era, Nosotros éramos, Vosotros erais, Ellos/as eran.

2 **1.** Yo hacía natación. / Yo no hacía natación; **2.** Yo salía de noche. / Yo no salía de noche; **3.** Yo tenía moto. / Yo no tenía moto; **4.** Yo leía cómics. / Yo no leía cómics; **5.** Yo iba a conciertos de rock. / Yo no iba a conciertos de rock; **6.** Yo estudiaba en la universidad. / Yo no estudiaba en la universidad; **7.** Yo trabajaba en verano. / Yo no trabajaba en verano; **8.** Yo viajaba al extranjero. / Yo no viajaba al extranjero; **9.** Yo comía hamburguesas. / Yo no comía hamburguesas.

3 **1.** viajaba; **2.** jugaban; **3.** íbamos; **4.** trabajaban; **5.** vivíamos, gustaba; **6.** había; **7.** estudiaba; **8.** veía.

4 **1.** tenía, fui; **2.** comí, gustó, tenía; **3.** vivíamos, conocimos; **4.** fue, encontró; **5.** estuve, estaba; **6.** llamaron, estaba; **7.** fui; **8.** fui, me encontré; **9.** estaba, se acostó.

5 (1) iba; (2) vio; (3) estaba; (4) se acercó; (5) preguntó; (6) contestó; (7) era; (8) tenía; (9) se bajaron; (10) estuvieron; (11) quedaron.

6 **1.** El curso pasado; **2.** A las seis de la tarde; **3.** Frío; **4.** De Córdoba; **5.** El sol y las calles llenas de gente; **6.** Se sentaban a charlar en la hierba de los parques; **7.** Con mucho cariño y nostalgia.

B. Yo no gano tanto como tú

1 **1.** México es más grande que Panamá; **2.** En Irán hay menos habitantes que en China; **3.** Egipto está más al sur que Japón; **4.** En Cuba hace más calor que en Canadá; **5.** En el desierto del Sahara llueve menos que en Venezuela; **6.** Cuba es más pequeño que España; **7.** Egipto tiene más población que Canadá; **8.** Panamá es el que tiene menos habitantes; **9.** España tiene 10 millones más de habitantes que Canadá; **10.** Egipto tiene 3,5 millones menos de habitantes que Irán.

2 **1.** b; **2.** c; **3.** a; **4.** c; **5.** a; **6.** c; **7.** a.

3 **1.** Mercurio es el planeta más próximo al Sol; **2.** Marte es el planeta más cercano a la Tierra; **3.** Plutón es el planeta más distante del Sol; **4.** Venus es el planeta más caluroso; **5.** Júpiter es el planeta más grande; **6.** Mercurio es el planeta más difícil de ver.

C. Mi ciudad

1 **1.** a) Su casa está al otro lado de la calle; **2.** a) Nadie está sentado entre nosotros; **3.** a) La casa está a poca distancia de la iglesia; **4.** b) Entre la casa de Juan y la mía hay mucha distancia; **5.** b) A espaldas de la casa hay un jardín.

2 Autobús, tren, bicicleta, autocar, taxi, moto, avión, metro.

3 **1.** A la vuelta de Semana Santa; **2.** En las carreteras de entrada de Madrid, Barcelona y Sevilla; **3.** La lluvia, el hielo y la niebla; **4.** La huelga de autocares; **5.** Los aviones.

PRACTICA MÁS 7

1 **1.** Mis padres se han acostado temprano; **2.** Juan se ha bebido toda la leche; **3.** Los niños han roto el ordenador; **4.** A nosotros nos ha gustado la película; **5.** Mi novio y yo hemos estado de vacaciones en Galicia; **6.** El concierto ha empezado tarde; **7.** La madre de Juan se ha caído por al escalera; **8.** El fontanero ha dicho que viene mañana; **9.** ¿Has acabado de pintar tu casa?

2 **1.** ¿Han ido alguna vez a Marbella? **2.** ¿Has visto alguna vez una corrida de toros? **3.** ¿Ha vivido alguna vez en el extranjero? **4.** ¿Habéis ido alguna vez a un concierto de rock? **5.** ¿Han comido alguna vez gazpacho? **6.** ¿Has montado alguna vez en avión? **7.** ¿Ha arreglado un enchufe?

3 **1.** Le gustaría comer una pizza gigante; **2.** Les gustaría vivir más cerca; **3.** Le gustaría comprarse un coche nuevo; **4.** Le gustaría comprarse un piso más grande; **5.** Nos gustaría tener más dinero; **6.** Me gustaría ganar más dinero y trabajar menos.

4 **1.** María estudiará en la universidad; **2.** María trabajará en un hospital; **3.** María viajará a París; **4.** María se comprará una casa; **5.** María tendrá un hijo.

5 **1.** Alicia se comprará un coche nuevo si le toca la lotería; **2.** Mis amigos irán a Barcelona si tienen dinero; **3.** Tú sacarás buenas notas si estudias mucho; **4.** Saldremos de paseo si Juan llega pronto.

6 **1.** era, trabajaba; **2.** tocó, compré; **3.** fuimos, estaba; **4.** hacía, salí; **5.** tocaba, dejó; **6.** quedé, vinieron; **7.** quería, se estropeó.

7 **1.** pequeño; **2.** caro; **3.** oscura; **4.** sucia; **5.** larga; **6.** ancho; **7.** antiguo.

8 **1.** b; **2.** c; **3.** a; **4.** b; **5.** c; **6.** a; **7.** a, b; **8.** c; **9.** b; **10.** b.

UNIDAD 15

A. Segunda mano

1 **1.** Por Carmen o por Sara; **2.** Muy cerca de la universidad; **3.** Comprar un impresora de segunda mano; **4.** Para una obra de teatro; **5.** En el que se venden coches nuevos y seminuevos; **6.** Poco usadas; **7.** Por Bea; **8.** En el aula 218 del edificio B.

2 **MOTOR:** un coche, una moto; **INMOBILIARIA:** un piso de alquiler; **INFORMÁTICA:** un ordenador; **IMAGEN Y SONIDO:** una cámara digital, un piano, una guitarra eléctrica, un CD de Enrique Iglesias; **CASA Y HOGAR:** un frigorífico, un lavavajillas, una cama, un bonsái, un acuario.

B. En la compra

1 Plátano, pimiento, naranja, lechuga, melocotón, pera, coliflor, uva. Zanahoria.

2 **1.** c; **2.** a; **3.** f; **4.** b; **5.** d; **6.** e.

3 **1.** algún; No, no hay ninguno; **2.** alguna; No, no queda ninguna; **3.** algún; No, no hay ninguno; **4.** algo; No, no deseo nada más, gracias; **5.** alguien; No, no ha llamado nadie; **6.** alguna; No, no tengo ninguna; **7.** algo; No, no quiero nada; **8.** algún; No, no tengo ninguno; **9.** alguien; No, no espero a nadie; **10.** algo; No, no he comprado nada.

4 **1.** No hay ningún limón; **3.** ¿Hay alguna botella de agua en la nevera? **4.** ¿Vive alguien en el piso de arriba? **5.** ¿Ha venido alguien a casa? **7.** ¿Hoy no ha llamado nadie por teléfono? **8.** ¿Alguien ha visto algo del accidente? **9.** ¿Alguno de vosotros sabe algo?

C. Cocina fácil

1 **Primer plato:** ensaladilla rusa, menestra de verdura, sopa castellana; **Segundo plato:** cordero asado, merluza, lomo de cerdo, ternera; **Postre:** fruta del tiempo, helado, tarta, flan; **Bebidas:** agua mineral, vino.

2 (1) Qué; (2) de primero; (3) una; (4) segundo; (5) está; (6) es; (7) yo; (8) merluza; (9) de beber; (10) una botella; (11) mineral; (12) blanco; (13) cuál; (14) vino.

4 **1.** se cena; **2.** se puede; **3.** se cuecen; **4.** se escribe; **5.** se sirve; **6.** se oye; **7.** se ve; **8.** se habla; **9.** se toma. **10.** se pronuncian; **11.** se ve.

5 (1) rito; (2) en; (3) tapas; (4) son; (5) estudio; (6) julio; (7) mayores; (8) de; (9) que; (10) gambas; (11) boquerones; (12) acompañar; (13) refrescos; (14) Andalucía; (15) hay; (16) variedad.

UNIDAD 16

A. En verano, salud

1 **Afirmativo:** (tú) bebe, (Vd.) beba; ven, venga; cállate, cállese; levántate, levántese; haz, haga; **Negativo:** no bebas, no beba; no vengas, no venga; no te calles, no se calle; no te levantes, no se levante; no hagas, no haga.

2 **1.** Pues no vayas a trabajar, quédate en casa; **2.** Pues tómate un té, no un café; **3.** Pues sal, no te quedes en casa; **4.** Pues ponte los vaqueros, no la falda; **5.** Pues cómete un bocadillo, no comas pescado. **6.** Pues no vayas al cine, ve a la discoteca. **7.** Pues siéntate aquí, no andes más.

3 **1.** No me lo des; **2.** No los hagas; **3.** No se lo digas; **4.** No la abras; **5.** No la traigas; **6.** No te lo pongas; **7.** No los traiga; **8.** No la lleves; **9.** No me lo digas; **10.** No se la ponga; **11.** No se lo diga.

4 **1.** f; **2.** b; **3.** g; **4.** e; **5.** d; **6.** a; **7.** c; **8.** h.

5 **1.** Una empresa barcelonesa; **2.** 12 euros; **3.** El 20% de los españoles; **4.** Un masaje anti-estrés que dura entre cinco y diez minutos y a continuación se cubre con una manta y duerme unos veinte o treinta minutos; **5.** No más de 30 minutos; **6.** Es bueno para el corazón y sobre todo, mejora el rendimiento intelectual.

6 **1.** b; **2.** a; **3.** f; **4.** d; **5.** e; **6.** c.

7 **1.** F; **2.** F; **3.** F; **4.** V; **5.** V; **6.** F; **7.** V.

B. El jefe está de mal humor

1 **1.** b; **2.** f; **3.** e; **4.** d; **5.** c; **6.** a.

2 **1.** libre; **2.** cerrada; **3.** lleno; **4.** sucia; **5.** estropeado; **6.** vacía; **7.** ocupado.

3 **1.** B. es; A. es, Tiene; Tiene; A. Es, está; **2.** B. está, están; **3.** B. está, está, están, están, están, es, tiene; **4.** A. Es; B. está; **5.** B. está; **6.** A. Está; B. está; **7.** B. estoy, estoy; **8.** es; **9.** están; **10.** es, está, tiene.

C. ¡Que te mejores!

1 **Hacer:** haga, hagas, haga, hagamos, hagáis, hagan;
Tener: tenga, tengas, tenga, tengamos, tengáis, tengan;
Ir: vaya, vayas, vaya, vayamos, vayáis, vayan; **Ser:** sea, seas, sea,
seamos, seáis, sean; **Estar:** esté, estés, esté, estemos, estéis, estén.

2 **1.** estés; **2.** tengas; **3.** encuentre; **4.** venga; **5.** hagan; **6.** te
pongas; **7.** encontrar; **8.** comas; **9.** vayan; **10.** ganar; **11.** gane.

3 **1.** ¡Que te mejores! **2.** ¡Que tengas buen viaje! **3.** ¡Que seáis
felices! **4.** ¡Que tengas suerte! **5.** ¡Que duermas bien!, ¡Que
descanses! **6.** ¡Que te lo pases bien!, ¡Que te diviertas!

4 (1) Hola; (2) beca; (3) a; (4) mejorar; (5) espero; (6) Este;
(7) apruebo; (8) vacaciones; (9) verte; (10) pronto; (11)
diviertas; (12) besos.

PRACTICA MÁS 8

1 **1.** alguien; **2.** algo; **3.** nada; **4.** ningún; **5.** algunas, ninguna;
6. ningún; **7.** algún; **8.** algo; **9.** nada, nadie; **10.** alguna;
11. alguien; **12.** ninguna.

2 **1.** Nada; **2.** Ninguno; **3.** Nadie; **4.** Nada; **5.** ningún; **6.** nadie; **7.**
Nada; **8.** ninguna; **9.** nadie; **10.** Ninguna; **11.** Nadie;
12. Ninguno.

3 **1.** Se hierve; **2.** Se echa; **3.** Se añade; **4.** Se cuece; **5.** Se añade;
6. Se sirve.

4 **1.** Buenos días, ¿qué desean comer? **2.** A mí póngame una
sopa de primero y de segundo un filete; **3.** Yo también quiero
sopa, pero de segundo quiero pollo; **4.** ¿Y para beber?
5. Vino y casera, por favor; **6.** ¿Tomarán algo de postre?
7. No, muchas gracias. La cuenta, por favor.

5 Actividad semilibre **1.** Papá, dame dinero para comer; **2.**
Guardad los libros; **3.** Por favor, tráigame una cucharilla; **4.**
Niños, apagad la tele; **5.** Hija, levántate ya; **6.** Deje de fumar y
haga ejercicio; **7.** Por favor, hablad más bajo; **8.** No corra; **9.**
Hijo, no comas tanto; **10.** No vaya a tomar café tantas veces.

6 **1.** No te pongas este jersey, te queda mal; **2.** No se siente aquí,
la mesa está ocupada; **3.** No cojas mi coche, está estropeado;
4. No limpies la habitación, está limpia; **5.** No llenes la jarra de
agua, está llena; **6.** No vayas a comprar el periódico, el quiosco
está cerrado; **7.** No te compres este CD, está fatal; **8.** No te
tomes el café, está muy caliente; **9.** No vayas a ver esa película,
es muy mala.

7 **1.** Yo espero que Ana traiga el pan; **2.** Yo espero que venga a
verme; **3.** Yo espero que escribáis pronto; **4.** Yo espero que mi
equipo juegue bien; **5.** Yo espero que mi hija apruebe; **6.** Yo espero
que estéis bien; **7.** Yo espero que vengas a mi boda; **8.** Yo espero
que te mejores; **9.** Yo espero que te pongas el abrigo al salir.

8 **1.** tengas; **2.** vengáis; **3.** llames; **4.** apruebe; **5.** casarse; **6.** hagas;
7. salgas.

UNIDAD 17
A. Buscando trabajo

1 **1.** mecánico; **2.** profesor; **3.** comercial; **4.** cocinero; **5.** guía
turística; **6.** informático; **7.** peluquero; **8.** periodista; **9.** taxista;
10. enfermera; **11.** policía.

2 JOANA: b. Soy profesora de Educación Infantil; JOANA:
d. He trabajado un año en una escuela del Ayuntamiento;
DIRECTORA: a. Hay dos turnos: de 8 de la mañana a 3 de la
tarde y de 10 a 5; DIRECTORA: c. Puedes elegir: bebés o de 1
a dos años; DIRECTORA: e. 1.000 € durante el primer año.

B. Sucesos

1 **1.** A las 8:00 estaba desayunando en su casa; **2.** A las 9:00
estaba dirigiéndose a su trabajo; **3.** A las 9:30 estaba
conduciendo su furgón de seguridad; **4.** A las 10:00 estaba
recogiendo 180.000 € en un banco; **5.** A las 10:45 estaba
abandonando su furgón en un aparcamiento público; **6.** A las
11:30 estaba volando con destino a Brasil con su botín;
7. A las 21:30 estaba registrándose en un hotel de 5 estrellas;
8. A las 22:00 estaba cenando en el mejor restaurante de Río
de Janeiro; **9.** A las 24:00 estaba llamando por teléfono a su
madre para desearle buenas noches.

2 **1.** (Él) estaba haciendo la comida cuando el cartero llamó a la
puerta; **2.** (Ellos) estaban cenando cuando el móvil sonó;
3. (Ellas) estaban jugando al tenis cuando empezó a llover;
4. (Él) estaba haciendo una foto cuando el perro le mordió;
5. (Ellos) estaban paseando por al calle cuando vieron un
accidente entre dos coches; **6.** El ladrón estaba robando el
banco cuando llegó la policía.

3 **1.** no había hablado; **2.** había comido; **3.** había visitado; **4.** no
había conducido; **5.** no habían visto.

4 **1.** volvieron, habían estado; **2.** se enfadó, había aprobado;
3. había marchado, llegamos; **4.** habíamos visto, fuimos;
5. tuvo, había bebido; **6.** despidieron, había llegado.

5 **1.** Un robo a la joyería *La perla de Manila;* **2.** Han pasado a
disposición judicial; **3.** Habían naufragado en las costas de
Irlanda; **4.** Decenas de paisanos de distintos puntos de Galicia;
5. No se sabe; **6.** Han declarado esta mañana en las
dependencias policiales; **7.** Que se le ha perdido el respeto
como jugador demasiado pronto; **8.** Parece que va a volver
pronto a Inglaterra.

C. Excusas

1 (1) ¿Cuántos años tienes? (2) ¿Estás casado? (3) ¿Dónde
vives? (4) ¿Qué es lo mejor de vivir en el centro? (5) ¿Qué es
lo peor? (6) ¿Cuál es tu restaurante favorito? (7) ¿Dónde haces
la compra? (8) ¿Qué haces en tu tiempo libre?

3 **1.** La entrevistadora le preguntó que cuántos años tenía;
2. (La entrevistadora le preguntó) que si estaba casado;
3. (La entrevistadora le preguntó) que dónde vivía; **4.** (La
entrevistadora le preguntó) que qué era lo mejor de vivir en el
centro; **5.** (La entrevistadora le preguntó) que qué era lo peor

de vivir en el centro **6.** (La entrevistadora le preguntó) que cuál era su restaurante favorito; **7.** (La entrevistadora le preguntó) que dónde hacía la compra; **8.** (La entrevistadora le preguntó) que qué hacía en su tiempo libre.

4 **1.** El señor le contestó que tenía 55 años; **2.** El señor le contestó que estaba casado y tenía dos hijos; **3.** El señor le contestó que vivía en la calle Goya, en una casa bastante grande y luminosa; **4.** El señor le contestó que lo mejor de vivir en el centro era que podía ir andando a su trabajo y que había muchas tiendas cerca; **5.** El señor le contestó que lo peor era el aparcamiento; **6.** El señor le contestó que no tenía ningún restaurante favorito, pero que cuando salían en familia elegían un restaurante italiano; **7.** El señor le contestó que la compra la solían hacer en un supermercado cerca de casa; **8.** El señor le contestó que lo que más le gustaba hacer en su tiempo libre era salir de Madrid y andar por el campo.

5 **1.** El paciente le dijo al médico que tenía un problema: sentía un dolor en su ojo derecho cada vez que se bebía una taza de café; Y el doctor le respondió que no parecía nada serio, que tenía que sacar la cucharilla de la taza antes de beberse el café; **2.** La paciente le dijo al médico que le dolía la pierna derecha; El doctor le respondió que eso era cosa de la edad; Y la paciente le dijo que la otra pierna tenía la misma edad y que no le dolía.

UNIDAD 18
A. cuánto tiempo llevas esperando?

1 **1.** b; **2.** a; **3.** b; **4.** c.

2 **1.** lleva viendo; **2.** llevan trabajando; **3.** lleva nevando; **4.** llevas estudiando; **5.** lleva saliendo; **6.** llevamos ahorrando; **7.** Llevo buscando; **8.** lleváis hablando; **9.** Llevamos esperando; **10.** lleváis buscando.

3 **1.** Carlos lleva tres horas durmiendo; **2.** Rosa lleva una hora y media tocando el piano; **3.** Emilio lleva … trabajando en un taller mecánico; **4.** Llevamos … meses saliendo; **5.** Elena lleva dos meses jugando al baloncesto en el Juventud.

4 **1.** ¿Cuánto tiempo llevas esperándome? **2.** ¿Cuánto tiempo llevas saliendo con él? **3.** ¿Cuánto tiempo lleva tu hijo tocando la guitarra? **4.** ¿Cuánto tiempo llevas jugando al ajedrez? **5.** ¿Cuánto tiempo lleva Carlos vendiendo electrodomésticos? **6.** ¿Cuánto tiempo llevan ellos viviendo en la calle Santa María? **7.** ¿Cuánto tiempo lleváis trabajando en la misma empresa? **8.** ¿Cuánto tiempo lleva Pedro aprendiendo a conducir? **9.** ¿Cuánto tiempo llevan estudiando neerlandés?

B. ¿Qué has hecho el fin de semana?

1 **1.** A. has hecho; B. vi, fui; **2.** A. llamé, encontré; B. fui; **3.** A. has estado; B. he visto, han salido; **4.** A. estudiaste; B. vine, conocí, empezamos, matriculé; B. dejé; **5.** A. ha tenido; A. chocó, fue.

2 *Titanic:* drama; *Con faldas y a lo loco:* comedia; *Salvar al soldado Ryan:* guerra; *West Side Story:* musical; *El exorcista:* terror; *La*

guerra de las galaxias: ciencia-ficción; *El señor de los anillos:* acción; *Solo ante el peligro:* oeste.

3 **1.** Una o dos veces por semana; **2.** Las de ciencia-ficción; **3.** Sí, Javier Bardem; **4.** Penélope Cruz y Julia Roberts; **5.** *La guerra de las galaxias* y *El señor de los anillos;* **6.** Sí; *Mar adentro;* **7.** Le gusta sentarse a una terraza a tomar algo y a charlar.

c. ¿Qué te parece éste?

1 **1.** El incidente ocurrió en la sierra de Madrid; **2.** El cielo estaba despejado; **3.** La protagonista vio una luz roja; **4.** El objeto se movía rápidamente; **5.** Se lo contó a la policía; **6.** Ella creyó que era un ovni; **7.** La policía no la creyó.

2 **1.** Narrativa de ciencia ficción; **2.** Relatos y artículos de autores españoles; **3.** Por sus novelas y relatos; **4.** Isaac Asimov; **5.** Te aseguras la reserva de tu ejemplar y lo recibes en tu domicilio por correo son gastos de envío; **6.** Camiseta XL.

3 Actividad libre.

4 **1.** e; **2.** a; **3.** e; **4.** b; **5.** d.

PRACTICA MÁS 9

1 A. Vendedores; B. Cocinero/a; C. Agente de turismo; D. Conductores; E. Profesor/a.

2 **1.** b, c, e; **2.** b, c, d; **3.** a, b, d, e; **4.** c; **5.** d

3 **1.** el periodista; la periodista; **2.** el peluquero; la peluquera; **3.** el dependiente; la dependienta; **4.** el guía; la guía; **5.** el conductor; la conductora; **6.** el programador; la programadora; **7.** el taxista; la taxista; **8.** el juez; la jueza.

4 **1.** En un periódico; **2.** En una peluquería; **3.** En un supermercado; **4.** En una agencia de viajes; **5.** En un autobús; **6.** En una empresa informática; **7.** En una empresa de transportes; **8.** En un juzgado.

5 **1.** Lleva lloviendo dos horas; **2.** Lleva estudiando inglés dos años; **3.** Llevo aprendiendo a conducir desde diciembre; **4.** Irene y Julián llevan buscando trabajo desde el verano; **5.** María lleva trabajando en Sevilla desde el 20 de febrero; **6.** Mi hermano y yo llevamos viviendo en Salamanca desde el curso pasado; **7.** Llevo escribiendo una novela seis meses.

6 **1.** c; **2.** e; **3.** a; **4.** f; **5.** b; **6.** d; **7.** h; **8.** g.

7 **1.** ¿Cuánto tiempo lleva lloviendo? **2.** ¿Cuánto tiempo lleva Julia tocando la flauta? **3.** ¿Cuánto tiempo lleva doliéndote la espalda? **4.** ¿Cuánto tiempo lleva Juan viviendo en el campo? **5.** ¿Cuánto tiempo llevan tus amigos cantando en el coro? **6.** ¿Cuánto tiempo lleváis jugando en el mismo equipo? **7.** ¿Cuánto tiempo llevas trabajando en Málaga?

8 (1) estamos, (2) es, (3) está, (4) compramos, (5) estuvimos, (6) hicimos, (7) fue, (8) veréis, (9) llegue, estéis.